Basisordner
Sprache • Lesen

von
Christiane Bruns, Eva Jochmann, Sybille Schaub,
Julia Schröder, Martin Wörner

illustriert von
Eva Czerwenka, Tobias Krejtschi, Ingrid Sissung

 **Deine interaktiven Gratis-Übungen** findest du hier:

1. Gehe auf scook.de.
2. Gib den unten stehenden Zugangscode in die Box ein.
3. Hab viel Spaß mit deinen Gratis-Übungen.

Dein Zugangscode auf
www.scook.de | djpt3-uoq2v

Die STARK-Rechtschreibstrategien

Nomen und Satzanfänge großschreiben S. 21 — Groß/klein?	der Tisch, die Angst ein Tisch – viele Tische **Der H**und bellt.	
 **Wörter in Silben gliedern und abhören** S. 81 — Hör genau!	Schu le lau fen lang sam	Blu men töp fe Schwes ter schlei chen
Verwandte Wörter finden Gehört zu? S. 61 — Wörter mit **ä** oder **e**, **äu** oder **eu** Wörter mit **b** oder **p**, **d** oder **t**, **g** oder **k** Wörter mit silbentrennendem **h**	Wälder ←ä→ Wald läuft ←äu→ laufen Berg ←g→ Berge rot ←t→ rote Sand ←d→ sandig schreibt ←b→ schreiben geht ←h→ gehen	
Länge des Selbstlautes prüfen S. 121 — Lang/kurz?	spazieren Katze lesen erschrecken Stiefel bitten groß Schloss Hut Gurke	
 **Schwierige Wörter merken** S. 101 — Merk's dir!	Vogel Fuchs Käfer Kurve Boot Tiger fahren Interview Mai	

Inhaltsverzeichnis

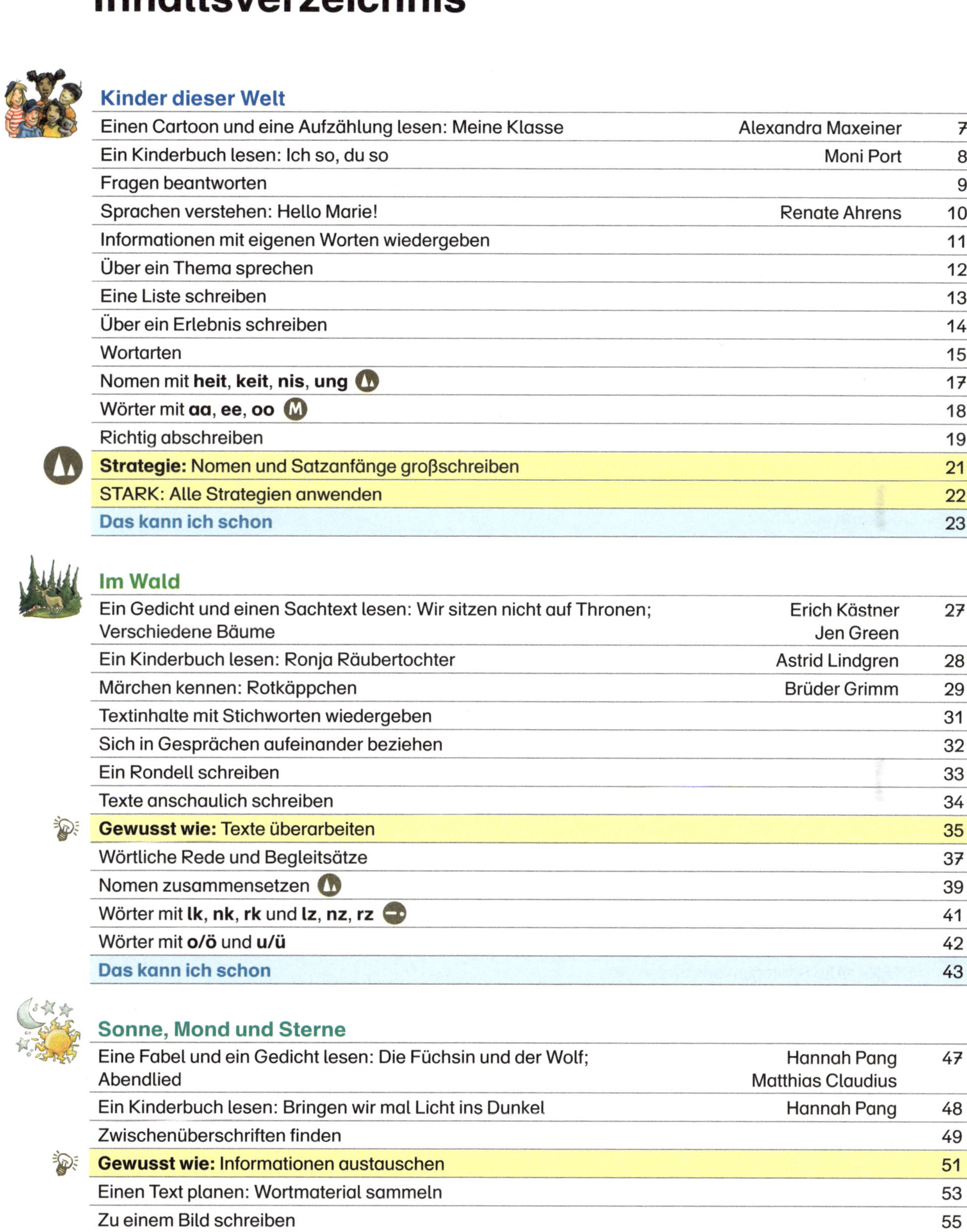

Eine Zeitung entsteht

Jahreszeiten und Feste

Wörterliste

A a

- der **Aal,** die Aa|le
  ab
  ab|bie|gen, sie biegt ab,
  sie bog ab,
  sie ist ab|ge|bo|gen,
  sie wird ab|bie|gen
  aber
  ab|he|ben, es hebt ab,
  es hob ab,
  es ist ab|ge|ho|ben,
  es wird ab|he|ben
  ab|rei|ßen, es reißt ab,
  es riss ab,
  es ist ab|ge|ris|sen,
  es wird ab|rei|ßen
  ab|set|zen, sie setzt ab
  (sich) **ab|stüt|zen,**
  er stützt sich ab
  ab|tau|chen, er taucht ab
- die **Ach|se,** die Ach|sen
  acht
- die **Ad|di|ti|on,**
  die Ad|di|ti|o|nen
- das **Ad|jek|tiv,** die Ad|jek|ti|ve
- der **Ad|vent**
  Afri|ka
  al|le
  alt, äl|ter, am äl|tes|ten
  am
  Ame|ri|ka
  an
  an|de|re
  an|fan|gen, er fängt an,
  er fing an,
  er hat an|ge|fan|gen,
  er wird an|fan|gen
  an|grei|fen, sie greift an,
  sie griff an,
  sie hat an|ge|grif|fen,
  sie wird an|grei|fen
  an|kreu|zen, er kreuzt an
  an|schlie|ßend
  an|spu|cken,
  es spuckt an
- die **Ant|ark|tis**
- der **April**
- die **Ar|beit,** die Ar|bei|ten
  ar|bei|ten, er ar|bei|tet
  (sich) **är|gern,** sie är|gert (sich)
- der **Ar|ti|kel,** die Ar|ti|kel
  Asi|en
  at|men, sie at|met
  auch
  auf|ge|regt
  (sich) **auf|hal|ten,** sie hält (sich)
  auf, sie hielt (sich) auf, sie
  hat (sich) auf|ge|hal|ten,
  sie wird (sich) auf|hal|ten
  auf|la|den, es lädt auf,
  es lud auf,
  es hat auf|ge|la|den,
  es wird auf|la|den
  auf|pas|sen,
  sie passt auf
  auf|rei|ßen, es reißt auf,
  es riss auf, es ist
  auf|ge|ris|sen,
  es wird auf|rei|ßen
  auf|set|zen, er setzt auf
  auf|tau|chen,
  sie taucht auf
  auf|wir|beln,
  es wir|belt auf
- der **Au|gust**
  aus
  aus|schal|ten,
  sie schal|tet aus
- das **Aus|se|hen**
  au|ßer|dem
  au|ßer|ge|wöhn|lich
  aus|sto|ßen,
  es stößt aus, es stieß aus,
  es hat aus|ge|sto|ßen,
  es wird aus|sto|ßen
  Aus|tra|li|en

B b

  ba|cken, er backt/bäckt,
  er back|te/buk,
  er hat ge|ba|cken,
  er wird ba|cken
  bald
- der **Bär,** die Bä|ren
- die **Bar|te,** die Bar|ten
- der **Bar|ten|wal,**
  die Bar|ten|wa|le
- der **Baum|stamm,**
  die Baum|stäm|me
  be|deu|ten, es be|deu|tet
- die **Be|deu|tung,**
  die Be|deu|tun|gen
  sich **be|ei|len,** er be|eilt sich
  be|feh|len, sie be|fiehlt,
  sie be|fahl,
  sie hat be|foh|len,
  sie wird be|feh|len
  be|gin|nen, es be|ginnt,
  es be|gann,
  es hat be|gon|nen,
  es wird be|gin|nen
  be|grün|den,
  sie be|grün|det
  bei
  bei|de
  be|kannt
- die **Be|leuch|tung,**
  die Be|leuch|tun|gen
  be|loh|nen, er be|lohnt
- das **Ben|zin**
- die **Be|obach|tung,**
  die Be|obach|tun|gen
- die **Be|son|der|heit,**
  die Be|son|der|hei|ten
  be|son|ders
  be|spre|chen, er
  be|spricht, er be|sprach,
  er hat be|spro|chen,
  er wird be|spre|chen

In der Wörterliste stehen Verben in der Grundform und zur leichteren Identifizierung auch in der 3. Person Singular Präsens.
Bei einem Vokalwechsel im Wortstamm steht zusätzlich die 3. Person Singular Präteritum, Perfekt und Futur.
Bei einem Vokalwechsel im Wortstamm stehen bei Adjektiven neben der Grundstufe auch die Steigerungsformen.

be|trach|ten,
er be|trach|tet
- die **Beu|le,** die Beu|len
be|vor
- das **Be|wusst|sein**
- die **Bi|blio|thek,**
die Bi|blio|the|ken
- die **Bil|dung**
bis
biss|chen
bläu|lich
- der **Blau|wal,** die Blau|wa|le
- das **Boot,** die Boo|te
breit
brem|sen, er bremst
- das **Brot,** die Bro|te
- die **Bü|che|rei,**
die Bü|che|rei|en

C c

- der **Cent,** die Cents
- der **Chor,** die Chö|re
- der **Clown,** die Clowns
- der **Co|mic,** die Co|mics
- der **Com|pu|ter,**
die Com|pu|ter

D d

da
da|bei
da|nach
dann
da|run|ter
das
dau|ern, es dau|ert
da|vor
dein
- der **Del|fin,** die Del|fi|ne
den|ken, sie denkt, sie
dach|te, sie hat ge|dacht,
sie wird den|ken
denn
dem
der
des|halb
des|we|gen
- der **De|tek|tiv,** die De|tek|ti|ve

- die **De|tek|ti|vin,**
die De|tek|ti|vin|nen
deut|lich
deutsch
Deutsch|land
- der **De|zem|ber**
dich
die
- der **Dieb,** die Die|be
- der **Diens|tag,**
die Diens|ta|ge
dies
dir
- die **Di|vi|si|on,**
die Di|vi|si|o|nen
doch
- der **Don|ners|tag,**
die Don|ners|ta|ge
dort
- der **Dra|che,** die Dra|chen
- der **Draht,** die Dräh|te
drei
- die **Droh|ne,** die Droh|nen
dru|cken, er druckt
drü|cken, er drückt
durch
durch|füh|ren,
sie führt durch
- der **Durst**

E e

- die **Ech|se,** die Ech|sen
- das **Eich|hörn|chen,**
die Eich|hörn|chen
ei|gent|lich
ein|at|men, er at|met ein
ein|gie|ßen, er gießt ein,
er goss ein,
er hat ein|ge|gos|sen,
er wird ein|gie|ßen
ein|mal
eins
ein|schal|ten,
sie schal|tet ein
ein|schla|fen, sie schläft
ein, sie schlief ein,
sie ist ein|ge|schla|fen,
sie wird ein|schla|fen

elek|trisch
end|lich
eng|lisch
ent|de|cken, er ent|deckt
ent|ste|hen, es ent|steht,
es ent|stand,
es ist ent|stan|den,
es wird ent|ste|hen
ent|täuscht
ent|wer|fen, er ent|wirft,
er ent|warf,
er hat ent|wor|fen,
er wird ent|wer|fen
- die **Erd|bee|re,**
die Erd|bee|ren
- die **Er|de**
er|fah|ren, sie er|fährt,
sie er|fuhr,
sie hat er|fah|ren,
sie wird er|fah|ren
- der **Er|fin|der,** die Er|fin|der
- die **Er|fin|de|rin,**
die Er|fin|de|rin|nen
- die **Er|fin|dung,**
die Er|fin|dun|gen
er|folg|reich
er|for|schen, er er|forscht
er|hal|ten, sie er|hält, sie
er|hielt, sie hat er|hal|ten,
sie wird er|hal|ten
(sich) **er|ho|len,** sie er|holt (sich)
- die **Er|käl|tung,**
die Er|käl|tun|gen
er|ken|nen, sie er|kennt,
sie er|kann|te,
sie hat er|kannt,
sie wird er|ken|nen
er|neu|er|bar
ers|tens
er|trin|ken, sie er|trinkt,
sie er|trank,
sie ist er|trun|ken,
sie wird er|trin|ken
- der **Er|wach|se|ne,**
die Er|wach|se|nen
er|zäh|len, er er|zählt
et|was
es

euch
Eu|ro|pa
exis|tie|ren, es exis|tiert
ex|pe|ri|men|tie|ren,
sie ex|pe|ri|men|tiert

F f

fah|ren, er fährt, er fuhr,
er ist ge|fah|ren,
er wird fah|ren
- das **Fahr|rad,** die Fahr|rä|der
- der **Fahr|rad|helm,**
die Fahr|rad|hel|me
- der **Fahr|rad|weg,**
die Fahr|rad|we|ge
- die **Fan|ta|sie,**
die Fan|ta|si|en
- die **Far|be,** die Far|ben
fast
fau|chen, er faucht
- die **Faust,** die Fäus|te
- der **Fe|bru|ar**
feh|len, es fehlt
- die **Fei|er,** die Fei|ern
fer|tig
- das **Fett**
fett
feucht
- das **Feu|er,** die Feu|er
- der **Feu|er|fun|ke,**
die Feu|er|fun|ken
- das **Feu|er|werk,**
die Feu|er|wer|ke
fin|den, er fin|det, er fand,
er hat ge|fun|den,
er wird fin|den
- die **Fin|ne,** die Fin|nen
- das **Fleisch**
flei|ßig
flie|ßen, es fließt, es
floss, es ist ge|flos|sen,
es wird flie|ßen
flink
- die **Flos|se,** die Flos|sen
- das **Flug|zeug,**
die Flug|zeu|ge
- die **Flu|ke,** die Flu|ken
- der **Fluss,** die Flüs|se

- die **Flüs|sig|keit,**
die Flüs|sig|kei|ten
- der **For|scher,** die For|scher
- die **For|sche|rin,**
die For|sche|rin|nen
frech
- der **Frei|stoß,** die Frei|stö|ße
- der **Frei|tag,** die Frei|ta|ge
fres|sen, es frisst,
es fraß,
es hat ge|fres|sen,
es wird fres|sen
- die **Freu|de**
sich **freu|en,** sie freut sich
- der **Freund,** die Freun|de
- die **Freun|din,**
die Freun|din|nen
- die **Freund|schaft,**
die Freund|schaf|ten
fried|lich
fros|tlg
fröh|lich
- der **Früh|blü|her,**
die Früh|blü|her
- der **Früh|ling**
- der **Fuchs,** die Füch|se
fünf
- der **Fun|ke,** die Fun|ken
für
- die **Furcht**

G g

ganz
- der **Gar|ten,** die Gär|ten
- das **Ge|bäu|de,** die Ge|bäu|de
ge|ben, es gibt, es gab,
es hat ge|ge|ben,
es wird ge|ben
- die **Ge|burt,** die Ge|bur|ten
- die **Ge|fahr,** die Ge|fah|ren
ge|fähr|lich
- die **Ge|gend,** die Ge|gen|den
- das **Ge|heim|nis,**
die Ge|heim|nis|se
ge|hen, er geht, er ging,
er ist ge|gan|gen,
er wird ge|hen
ge|hört, er ge|hört

gei|zig
ge|lan|gen, es ge|langt
gelb
ge|müt|lich
ge|ni|al
ge|nug
- das **Ge|päck**
ge|ra|de
- das **Ge|rät,** die Ge|rä|te
gern
- der **Ge|sang,** die Ge|sän|ge
- das **Ge|schöpf,**
die Ge|schöp|fe
- das **Ge|setz,** die Ge|set|ze
gestern
- das **Ge|tränk,** die Ge|trän|ke
ge|wäh|ren, er ge|währt
ge|wal|tig
ge|wis|sen|haft
gie|ßen, sie gießt, sie
goss, sie hat ge|gos|sen,
sie wird gie|ßen
- die **Gieß|kan|ne,**
die Gieß|kan|nen
- das **Gift,** die Gif|te
glän|zen, es glänzt
glatt
glau|ben, er glaubt
gleich
gleich|zei|tig
glit|zern, es glit|zert
- das **Glück**
glü|hend
- die **Glüh|lam|pe,**
die Glüh|lam|pen
- der **Gras|halm,**
die Gras|hal|me
groß, grö|ßer,
am größ|ten
- der **Grund,** die Grün|de
gründ|lich
- die **Grup|pe,** die Grup|pen
- der **Gruß,** die Grü|ße
grü|ßen, sie grüßt
- die **Gruß|kar|te,**
die Gruß|kar|ten
gu|cken, er guckt
gut, bes|ser, am bes|ten

H h

- das **Haar,** die Haa|re
  ha|ben, ich ha|be, du
  hast, er/sie/es hat, wir
  ha|ben, ihr habt, sie
  ha|ben; er hat|te, er hat
  ge|habt, er wird ha|ben
- der **Hai,** die Haie
  halb
  hal|ten, er hält, er hielt,
  er hat ge|hal|ten,
  er wird hal|ten
  hän|gen, es hängt,
  es hing,
  es hat ge|han|gen,
  es wird hän|gen
  hän|gen blei|ben,
  es bleibt hän|gen,
  es blieb hän|gen,
  es ist hän|gen ge|blie|ben,
  es wird hän|gen blei|ben
  hart, här|ter,
  am här|tes|ten
  häu|fig
- der **Haus|halt,**
  die Haus|hal|te
- die **Haut**
- das **Heft,** die Hef|te
- die **Hei|mat,** die Hei|ma|ten
  hei|ßen, er heißt, er hieß,
  er hat ge|hei|ßen,
  er wird hei|ßen
  hel|fen, es hilft, es half,
  es hat ge|hol|fen,
  es wird hel|fen
  he|raus
- der **Herbst**
  he|rein
- das **Herz,** die Her|zen
  heu|len, er heult
  heu|te
  hier
  hilf|reich
- der **Him|mel**
  hi|naus
  hi|nein
  hin|ter

hi|nun|ter|schlu|cken,
er schluckt hi|nun|ter
- das **Hob|by,** die Hob|bys
  hoch, hö|her,
  am höchs|ten
  hö|ren, sie hört
- der **Hun|ger**

I i

- die **Idee,** die Ide|en
  ihm
  ihn
  ihr
  ih|re
  im
  im|mer
  in
- die **In|for|ma|ti|on,**
  die In|for|ma|tio|nen
  (sich) **in|for|mie|ren,**
  er in|for|miert (sich)
- das **Ins|tru|ment,**
  die Ins|tru|men|te
  in|te|res|sant
- das **In|ter|view,**
  die In|ter|views
  in|ter|vie|wen,
  sie in|ter|viewt

J j

  ja
- die **Ja|cke,** die Ja|cken
- das **Jahr,** die Jah|re
- der **Ja|nu|ar**
  je|de, je|der, je|des
  je|mand
  jetzt
- der **Ju|li**
  jung, jün|ger,
  am jüngs|ten
- der **Jun|ge,** die Jun|gen
- der **Ju|ni**

K k

- das **Ka|bel,** die Ka|bel
- der **Kä|fig,** die Kä|fi|ge
- das **Kalb,** die Käl|ber

kalt, käl|ter,
am käl|tes|ten
- die **Käl|te**
  ka|putt
  kein
  keu|chen, er keucht
- das **Kind,** die Kin|der
  klar
- die **Klas|se,** die Klas|sen
- die **Klas|sen|zei|tung,**
  die Klas|sen|zei|tun|gen
- die **Klei|dung**
  klin|geln, es klin|gelt
  kom|mu|ni|zie|ren,
  sie kom|mu|ni|ziert
  kön|nen, er kann, er
  konn|te, er hat ge|konnt,
  er wird kön|nen
- der **Kon|ti|nent,**
  die Kon|ti|nen|te
  kor|ri|gie|ren,
  er kor|ri|giert
  kräf|tig
- das **Kraft|werk,**
  die Kraft|wer|ke
- die **Kral|le,** die Kral|len
- das **Kraut,** die Kräu|ter
- das **Kreuz,** die Kreu|ze
- die **Kreu|zung,**
  die Kreu|zun|gen
- das **Kreuz|wort|rät|sel,**
  die Kreuz|wort|rät|sel
- der **Krill**
  kühl
- der **Kühl|schrank,**
  die Kühl|schrän|ke
  kur|siv
- die **Kur|ve,** die Kur|ven

L l

  lä|cheln, er lä|chelt
- das **La|ger|feu|er,**
  die La|ger|feu|er
- der **Laib,** die Lai|be
- das **Land,** die Län|der
  lang, län|ger,
  am längs|ten
- der **Lärm**

läs|sig
- das **Laub**
- der **Laub|baum,**
  die Laub|bäu|me
  lau|fen, sie läuft, sie lief,
  sie ist ge|lau|fen,
  sie wird lau|fen
- die **La|va**
- das **Lay|out,** die Lay|outs
  le|ben, er lebt
- die **LED-Lam|pe,**
  die LED-Lam|pen
- der **Leh|rer,** die Leh|rer
- die **Leh|re|rin,**
  die Leh|re|rin|nen
  lei|ten, es lei|tet
- der **Len|ker,** die Len|ker
  letz|te, letz|ter, letz|tes
  leuch|ten, es leuch|tet
  leuch|tend
  die **Leu|te**
  links
  sich **loh|nen,** es lohnt sich
  los|las|sen, sie lässt los,
  sie ließ los,
  sie hat los|ge|las|sen,
  sie wird los|las|sen
- die **Lust**

M m

  ma|chen, sie macht
- das **Mäd|chen,** die Mäd|chen
  ma|gisch
- der **Mai**
- der **Mais**
  man
- der **Mann,** die Män|ner
- die **Mann|schaft,**
  die Mann|schaf|ten
- der **März**
- die **Ma|schi|ne,**
  die Ma|schi|nen
- das **Maß,** die Ma|ße
- das **Maß|band,**
  die Maß|bän|der
  mat|schig
- das **Maul,** die Mäu|ler
  me|cha|nisch

- das **Meer,** die Mee|re
- das **Meer|was|ser**
  mehr
  meh|re|re
  mei|len|weit
  mein
- die **Men|ge,** die Men|gen
  meis|tens
  mes|sen, er misst, er
  maß, er hat ge|mes|sen,
  er wird mes|sen
  mich
- das **Mi|kro|fon,**
  die Mi|kro|fo|ne
- das **Mi|kros|kop,**
  die Mi|kros|ko|pe
- die **Milch|stra|ße**
  mit|ei|nan|der
- der **Mitt|woch,**
  die Mitt|wo|che
  mo|dern
  mö|gen, sie mag,
  sie moch|te,
  sie hat ge|mocht,
  sie wird mö|gen
- die **Mög|lich|keit,**
  die Mög|lich|kei|ten
- der **Mond,** die Mon|de
- der **Mon|tag,** die Mon|ta|ge
- das **Moor,** die Moo|re
- das **Moun|tain|bike,**
  die Moun|tain|bikes
- die **Mü|he,** die Mü|hen
- die **Mul|ti|pli|ka|ti|on,**
  die Mul|ti|pli|ka|ti|o|nen
- die **Mu|sik**

N n

- der **Nach|bar,** die Nach|barn
  nach|den|ken, sie denkt
  nach, sie dach|te nach,
  sie hat nach|ge|dacht,
  sie wird nach|den|ken
- der **Nach|mit|tag,**
  die Nach|mit|ta|ge
  nächs|te, nächs|ter,
  nächs|tes
- die **Nacht,** die Näch|te

- der **Nach|weis,**
  die Nach|wei|se
- der **Na|del|baum,**
  die Na|del|bäu|me
  nah, nä|her,
  am nächs|ten
  neh|men, er nimmt,
  er nahm,
  er hat ge|nom|men,
  er wird neh|men
- der **Neid**
  ner|vös
  nett
  neu
  neu|gie|rig
  neun
  nied|lich
  nie|mand
  nir|gend|wo
- das **No|men,** die No|men
- der **Nor|den**
- der **No|vem|ber**
  nut|zen, er nutzt
  nütz|lich

O o

  ob
- der **Ok|to|ber**
  orange
  sich **ori|en|tie|ren,**
  er ori|en|tiert sich
- die **Ost|see**
- der **Ozе|an,** die Oze|a|ne

P p

  paar
- die **Pa|ckung,**
  die Pa|ckun|gen
- der **Pass,** die Päs|se
  pas|send
- die **Pau|se,** die Pau|sen
- die **Pe|da|le,** die Pe|da|len
  pflan|zen, sie pflanzt
- der **Pilz,** die Pil|ze
- der **Pla|net,** die Pla|ne|ten
- der **Platz,** die Plät|ze
  plötz|lich

prä|sen|tie|ren,
sie prä|sen|tiert

- die **Pro|jekt|wo|che,**
die Pro|jekt|wo|chen
- der **Pul|lo|ver,** die Pul|lo|ver
pünkt|lich

Q q

qual|men, es qualmt
- der **Quark**

R r

- das **Rad|fah|ren**
- der **Rat**
rat|sam
- der **Räu|ber,** die Räu|ber
- das **Recht,** die Rech|te
- der **Re|dak|teur,**
die Re|dak|teu|re
- die **Re|dak|teu|rin,**
die Re|dak|teu|rin|nen
- die **Re|dak|tions|sit|zung,**
die Re|dak|tions-
sit|zun|gen
re|flek|tie|ren,
es re|flek|tiert
- der **Re|gen**
rei|ßen, sie reißt, sie riss,
sie hat ge|ris|sen,
sie wird rei|ßen
- der **Re|por|ter,** die Re|por|ter
- die **Re|por|te|rin,**
die Re|por|te|rin|nen
ret|ten, er ret|tet
- der **Rie|se,** die Rie|sen
rie|sig
- der **Riss,** die Ris|se
- der **Rit|ter,** die Rit|ter
ros|tig
rot
- der **Ruck**
- der **Rück|strah|ler,**
die Rück|strah|ler
ru|hig
rund
- der **Rüs|sel,** die Rüs|sel

S s

- die **Sa|che,** die Sa|chen
- die **Sä|ge,** die Sä|gen
- die **Sai|te,** die Sai|ten
sam|meln, sie sam|melt
- das **Sam|mel|al|bum,**
die Sam|mel|al|ben
- der **Sams|tag,**
die Sams|ta|ge
- das **Säu|ge|tier,**
die Säu|ge|tie|re
schäu|men, es schäumt
schie|ßen, sie schießt,
sie schoss,
sie hat ge|schos|sen,
sie wird schie|ßen
- die **Schlag|zei|le,**
die Schlag|zei|len
schlie|ßen, es schließt,
es schloss,
es hat ge|schlos|sen,
es wird schlie|ßen
schlüp|fen, er schlüpft
- der **Schluss,** die Schlüs|se
schmal
- der **Schmet|ter|ling,**
die Schmet|ter|lin|ge
schmü|cken,
er schmückt
- der **Schnee**
schnell
- die **Schön|heit,**
die Schön|hei|ten
schreck|lich
schrei|ben, er schreibt,
er schrieb,
er hat ge|schrie|ben,
er wird schrei|ben
- die **Schu|le,** die Schu|len
schup|pig
schüt|zen, sie schützt
schwarz
schwer
schwe|re|los
schwie|rig
- die **Schwie|rig|keit,**
die Schwie|rig|kei|ten

schwim|men,
er schwimmt,
er schwamm,
er ist ge|schwom|men,
er wird schwim|men
sechs
sech|zig
se|hen, sie sieht, sie sah,
sie hat ge|se|hen,
sie wird se|hen
sein, ich bin, du bist, er/
sie/es ist, wir sind, ihr
seid, sie sind; er war, er ist
ge|we|sen, er wird sein
sein, sei|ne
seit
seit|dem
selbst|ver|ständ|lich
- der **Sep|tem|ber**
- die **Sicht**
- das **Sieb,** die Sie|be
sie|ben
sin|gen, er singt, er sang,
er hat ge|sun|gen,
er wird sin|gen
- die **Sit|zung,** die Sit|zun|gen
- das **Smart|phone,**
die Smart|phones
so|gar
- die **So|lar|zel|le,**
die So|lar|zel|len
- der **Som|mer**
- der **Sonn|abend,**
die Sonn|aben|de
- das **Son|nen|sys|tem,**
die Son|nen|sys|te|me
- der **Sonn|tag,** die Sonn|ta|ge
- die **Sor|ge,** die Sor|gen
span|nend
- die **Span|nung,**
die Span|nun|gen
spa|ren, sie spart
spar|sam
- der **Spaß,** die Spä|ße
spa|zie|ren, er spa|ziert
- das **Spiel|feld,**
die Spiel|fel|der
- der **Sport**

sport|lich
- der **Sport|platz,**
  die Sport|plät|ze
- die **Spra|che,** die Spra|chen
- die **Spu|cke**
  spu|cken, er spuckt
  sta|che|lig
  stark, stär|ker,
  am stärks|ten
  stau|nen, er staunt
- die **Steck|do|se,**
  die Steck|do|sen
  ste|hen, er steht, er
  stand, er hat ge|stan|den,
  er wird ste|hen
- der **Stern,** die Ster|ne
  sto|ßen, sie stößt, sie
  stieß, sie hat ge|sto|ßen,
  sie wird sto|ßen
- der **Stoß|zahn,**
  die Stoß|zäh|ne
  strah|len, sie strahlt
- die **Stra|ße,** die Stra|ßen
  sich **stre|cken,** er streckt sich
- der **Streit**
  streu|en, er streut
- der **Strom**
- der **Sturm,** die Stür|me
- der **Stür|mer,** die Stür|mer
  stür|misch
- die **Sub|trak|ti|on,**
  die Sub|trak|ti|o|nen
- die **Such|ma|schi|ne,**
  die Such|ma|schi|nen
- das **Sym|bol,** die Sym|bo|le

T t

- der **Tag,** die Ta|ge
  täg|lich
- die **Tas|ta|tur,**
  die Tas|ta|tu|ren
  tat|säch|lich
- das **Team,** die Teams
- der **Tee,** die Tees
- das **Tier,** die Tie|re
- der **Ti|ger,** die Ti|ger
- der **Tipp,** die Tipps
  tip|pen, sie tippt

- das **Tisch|bein,**
  die Tisch|bei|ne
- der **Ti|tel,** die Ti|tel
- der **Tod,** die To|de
  toll
  tra|di|ti|o|nell
- der **Trai|ner,** die Trai|ner
- die **Trai|ne|rin,**
  die Trai|ne|rin|nen
- das **Trai|ning,** die Trai|nings
- die **Trau|er**
  trau|rig
  tren|nen, sie trennt
  trink|bar
  trin|ken, er trinkt,
  er trank,
  er hat ge|trun|ken,
  er wird trin|ken
  tro|cken
  trotz|dem
  tüf|teln, er tüf|telt

U u

  über|all
  über|re|den,
  sie über|re|det
  über|tra|gen, er
  über|trägt, er über|trug,
  er hat über|tra|gen,
  er wird über|tra|gen
- die **Über|zahl**
  über|zeu|gen,
  sie über|zeugt
- die **Uhr,** die Uh|ren
  um|sto|ßen, er stößt um,
  er stieß um,
  er hat um|ge|sto|ßen,
  er wird um|sto|ßen
  um|welt|freund|lich
  un|deut|lich
- der **Un|fall,** die Un|fäl|le
  un|ge|fähr
- das **Un|ge|heu|er,**
  die Un|ge|heu|er
  un|glück|lich
  un|si|cher
  un|ter
  un|ter|wegs

V v

- die **Ve|nus**
- das **Verb,** die Ver|ben
  ver|bin|den,
  es ver|bin|det,
  es ver|band,
  es hat ver|bun|den,
  es wird ver|bin|den
- das **Ver|bot,** die Ver|bo|te
  ver|brau|chen,
  sie ver|braucht
- die **Ver|bren|nung,**
  die Ver|bren|nun|gen
- der **Ver|gleich,**
  die Ver|glei|che
  ver|grö|ßern,
  sie ver|grö|ßert
- der **Ver|kehr**
  ver|kehrs|si|cher
  ver|klei|nern,
  er ver|klei|nert
  ver|läss|lich
  ver|mes|sen,
  sie ver|misst, sie ver|maß,
  sie hat ver|mes|sen,
  sie wird ver|mes|sen
  ver|pa|cken, er ver|packt
  ver|pas|sen,
  sie ver|passt
- die **Ver|samm|lung,**
  die Ver|samm|lun|gen
  ver|schmut|zen,
  es ver|schmutzt
  (sich) **ver|söh|nen,**
  er ver|söhnt (sich)
  ver|ste|hen, er ver|steht,
  er ver|stand,
  er hat ver|stan|den,
  er wird ver|ste|hen
  viel|leicht
  vier
  voll
  von|ei|nan|der
- die **Vor|fahrt,** die Vor|fahr|ten
  vor|kom|men, es kommt
  vor, es kam vor, es ist
  vor|ge|kom|men,
  es wird vor|kom|men

- der **Vor|schlag,**
  die Vor|schlä|ge
- die **Vor|schrift,**
  die Vor|schrif|ten
  vor|stel|len, sie stellt vor

W w

- die **Waa|ge,** die Waa|gen
- das **Wachs,** die Wach|se
  wähl|bar
  wahr
- der **Wal,** die Wa|le
- das **Wald|tier,** die Wald|tie|re
- das **Wal|kalb,** die Wal|käl|ber
- die **Was|ser|kraft,**
  die Was|ser|kräf|te
- die **Was|ser|ober|flä|che,**
  die Was|ser|ober|flä|chen
  weiß
  weit
  wenn
- die **Welt,** die Wel|ten
- das **Welt|all**

wer|den, ich wer|de,
du wirst, er/sie/es wird,
wir wer|den, ihr wer|det,
sie wer|den; er wur|de,
er ist ge|wor|den,
er wird wer|den
- die **Werk|statt,**
  die Werk|stät|ten
  wie|der
  wie|gen, er wiegt, er wog,
  er hat ge|wo|gen,
  er wird wie|gen
- der **Win|ter**
  wis|sen, er weiß, er
  wus|ste, er hat ge|wusst,
  er wird wis|sen
- der **Wis|sen|schaft|ler,**
  die Wis|sen|schaft|ler
- die **Wis|sen|schaft|le|rin,**
  die Wis|sen|schaft-
  le|rin|nen
- der **Witz,** die Wit|ze
  wit|zig
  wo
  woh|nen, sie wohnt

- die **Wol|ke,** die Wol|ken
  wol|len, er will, er woll|te,
  er hat ge|wollt,
  er wird wol|len
- das **Wun|der,** die Wun|der
- die **Wur|zel,** die Wur|zeln

Z z

  za|ckig
- der **Zahn,** die Zäh|ne
  zart
  zehn
- das **Zeug|nis,** die Zeug|nis|se
  ziem|lich
- das **Zim|mer,** die Zim|mer
- der **Zir|kus,** die Zir|kus|se
- die **Zi|tro|ne,** die Zi|tro|nen
- der **Zoo,** die Zoos
  zu|frie|den
- der **Zug,** die Zü|ge
- die **Zun|ge,** die Zun|gen
  zu|sam|men
  zwei
  zwei|spal|tig
  zwi|schen

Für Wörterlisten-Profis

1 Welches Wort kommt in der Wörterliste als Nächstes?

genial _______________ Unfall _______________ immer _________ Musik _______________

2 Unter welchem Buchstaben stehen die wenigsten Wörter? _______________

Unter welchem Buchstaben stehen die meisten Wörter? _______________

3 Welche Wörter stehen nicht in der Wörterliste? Streiche sie durch.

überall · sitzen · die Wohnung · orange · es · die Hose · trinken · der September
das Zebra · meilenweit · süß · bekannt · aus · der Clown · weich · ziehen

Kinder dieser Welt

lächeln

● Aussehen

● Kind

gleich

verstehen

● Haar

● Sprache

fröhlich

sich erholen

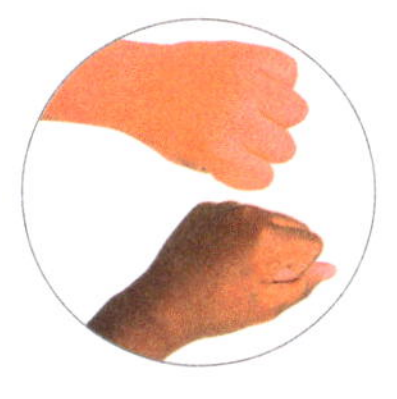
● Haut

● Welt

deutsch

gucken

englisch

Alles richtig?

Hier schreibe ich Wörter, Texte, Ideen und Fragen zum Bild auf.

Jörg Mühle

MEINE KLASSE

27 Kinder.

15 Mädchen. **12** Jungen.

6 können mit den Ohren wackeln.

21 können ihre Ohren nicht von selbst bewegen.

11 tragen Brille. **16** tragen keine Brille.

25 popeln in der Nase (davon **23** heimlich).
   2 popeln nicht.

19 sprechen nur Deutsch.

8 sprechen außer Deutsch noch eine andere Sprache.

24 schreiben mit rechts. **3** mit links.

12 sind Einzelkinder. **15** Kinder haben Geschwister.

12 sind noch nie umgezogen.
   10 sind einmal umgezogen.

5 sind mehrmals umgezogen.

15 haben braune Augen. **9** haben blaue.
   3 haben grüne.

17 spielen gerne Fußball. **7** ist Fußball egal.
   3 finden Fußball doof.

11 haben ein aktuelles Lieblingslied.

9 können sich zwischen zwei Liedern nicht
   entscheiden.

7 ist Musik egal.

Alle haben schon mal etwas Peinliches erlebt.

Alle haben schon mal jemanden angelogen.

Alle haben schon mal davon geträumt, berühmt zu sein.

Alle hatten schon einmal Bauchweh.

Alle haben Angst davor, dass sie jemand doof findet.

Alle haben schon mal schlecht geträumt.

Alle haben schon mal ein Tier gerettet.

Alle lachen gerne.

Alle sind schon mal fies hingefallen.

Alle fühlen sich manchmal alleine.

Alle mögen Schokolade.

Alexandra Maxeiner 

Wie ist das in deiner Klasse?

☐ Mädchen ☐ Jungen

☐ braune Augen ☐ grüne Augen ☐ blaue Augen

☐ können mit den Ohren wackeln. ☐ haben ein aktuelles Lieblingslied.

☐ sprechen außer Deutsch noch eine andere Sprache.

Ein Kinderbuch lesen

Ich so, du so

Momchil, 11 Jahre, er lebt in Bulgarien:

Mit wem lebst du zusammen? Mit meinem Vater und meinem Hund. **Was hast du heute gegessen?** Noch nichts. Es ist 8.30 Uhr und so früh esse ich noch nichts. **Was hast du am letzten Wochenende gemacht?** Am Samstag war ich Ski fahren, am Sonntag war ich auf drei Geburtstagsfeiern. **Was ist dein kostbarster Besitz?** Mein kostbarster Besitz ist mein Hund. Ich verbringe meinen ganzen Tag mit ihm. **In welchen Momenten bist du besonders glücklich?** In dem Moment, wenn die Schule zu Ende ist, fühle ich mich immer sehr, sehr glücklich. **Mit wem oder was würdest du gerne einen Tag das Leben tauschen?** Ich würde in den Körper meines Vaters schlüpfen, denn immer, wenn er von der Arbeit kommt, ist er sehr, sehr müde. Ich will herausfinden, was ihn so müde macht.

Milla, 10 Jahre, sie lebt in Deutschland:

Mit wem lebst du zusammen? Mit meiner Mutter, meinem Vater, meiner großen Schwester, meiner kleinen Schwester und der Freundin meines Vaters. **Was hast du heute gegessen?** Obstsalat, Suppe und Grünkohleintopf mit Wurst. **Was hast du am letzten Wochenende gemacht?** Ich war im Museum und im Zoo. **Was ist dein kostbarster Besitz?** Habe keinen. **In welchen Momenten bist du besonders glücklich?** Ich bin glücklich, wenn ich etwas mit meiner Familie oder mit Freunden mache. **Mit wem oder was würdest du gerne einen Tag das Leben tauschen?** Fuchs, Elefant, Falke und Pferd.

Sive, 12 Jahre, er lebt in Südafrika:

Mit wem lebst du zusammen? Mit 10 Erwachsenen und 19 anderen Kindern, weil ich in einem Kinderhaus lebe. Mein Wahlpapa ist Perry und unsere Katze heißt Kitkat. **Was hast du heute gegessen?** Hamburger, die esse ich am liebsten. **Was hast du am letzten Wochenende gemacht?** Autoreifenrennen in unserem Township … ich bin Zweiter geworden! **Was ist dein kostbarster Besitz?** Mein alter Autoreifen, den ich selbst repariert habe. **In welchen Momenten bist du besonders glücklich?** Wenn ich mit meinem Wahlpapa Perry einen Ausflug mache. **Mit wem oder was würdest du gerne einen Tag das Leben tauschen?** Mit niemandem … mein Leben ist schön.

Moni Port ◈

In welchen Momenten bist du besonders glücklich?

Fragen beantworten

1 Lies die Texte. In welchen Ländern wohnen die Kinder?

A _______________ B _______________ C _______________

Ungewöhnliche Schulwege

An einigen Orten der Welt gelangen Kinder ganz anders zur Schule als du.
Für manche Kinder sind die Schulwege sogar ziemlich gefährlich.

A Das Dorf Zangla liegt im Himalaja-Gebirge in Indien.
Die Kinder des Dorfes gehen in der Stadt Leh zur Schule.
Dazu müssen sie fast 100 Kilometer zu Fuß über einen
zugefrorenen Fluss laufen. Mindestens vier Tage sind
sie unterwegs. Darum gehen sie auch nur in den Ferien
in ihr Dorf zurück. Sonst wohnen sie in der Schule.

B Einige Kinder aus Kolumbien müssen eine 200 Meter
tiefe Schlucht überqueren, um in die Schule zu gelangen.
In der Schlucht fließt ein großer Fluss. Weil es keine
Brücke über die Schlucht gibt, nutzen die Kinder
ein altes Drahtseil als Seilbahn. Bei Wind bleiben sie
zu Hause, weil man die Seilbahn dann nicht benutzen kann.

C In einem abgelegenen Dorf in China klettern die Schulkinder
einen 800 Meter hohen Felsen über steile Leitern hinunter.
Nur so können sie ihre Schule im Tal erreichen.
Früher waren die Leitern aus Bambusrohren gebaut.
Heute gibt es Leitern aus Stahl. Mindestens eine Stunde
dauert die gefährliche Kletterei.

2 Beantworte die Fragen. Markiere die Antworten in verschiedenen Farben im Text.

Wie kommen die Kinder aus dem Dorf Zangla zur Schule?
Wo führt der Schulweg über steile Leitern?
Warum müssen einige Kinder eine Seilbahn für den Schulweg nutzen?

3 Schreibe die Antworten auf. Notiere auch, in welchem Text du die Antwort gefunden hast.

Wie lange brauchen die Kinder für ihren Schulweg in die Stadt Leh?

____

Wann gehen die Kinder aus Kolumbien nicht zur Schule?

____

Sprachen verstehen

 **1** Lest den Text. **Oder:** Lasst euch den Text vorlesen. Welche englischen Wörter im Text kennt ihr? Markiert sie.

Hello Marie!

Claire ist neu in Maries Klasse. Sie kommt aus Irland und spricht nur Englisch. Marie kann nur wenig Englisch. Trotzdem werden Marie und Claire beste Freundinnen. In den Osterferien besucht Claire ihre Großeltern in Dublin. Weil sie Marie so vermisst, ruft sie bei ihr zu Hause an.

5 „How are you?"„Ich vermisse dich." „I miss you, too." „Wann kommst du wieder?" „Next Sunday." Sunday war Sonntag, überlegte Marie. Bis Sonntag war es noch fast eine Woche. „Is it still so cold and wet?" Cold war kalt. Aber was hieß „wet"? „It's wet when it's raining", sagte Claire, als ob sie ihre Gedanken lesen konnte. „Ja, es regnet die ganze Zeit, und gestern hat es sogar geschneit."

10 „In Dublin it's already spring. It's sunny and warm. And there are lots of flowers."

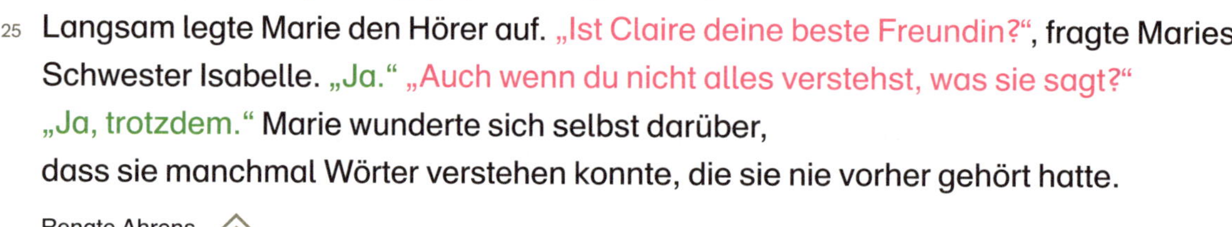

Sonnig und warm war's in Dublin. Und „flowers" waren Blumen. Dann hieß „spring" bestimmt Frühling. „Hier ist es noch Winter", sagte Marie.

15 „Perhaps we could go to the cinema when I'm back." „Was ist ein ‚cinema'?" „It's a place where you watch a film." „Ah, du meinst ein Kino!", rief Marie. „Ja, das wär toll. Vielleicht gehen wir in einen Zeichentrickfilm." „What's that?" „Zum Beispiel ein Film von Walt Disney", erklärte Marie.

20 „Ah, you mean a cartoon! Yes, that would be fun." „‚Fun'…?" „I think that's … ‚Spaß' …" „Ah, okay … Ja, das find ich auch." „Sorry, I have to go now. My mum is calling that supper is ready", sagte Claire. „Was ist ‚supper'?" „We're going to eat now." „Ah, ihr esst jetzt." „Bye, Marie." „Tschüs, Claire."

25 Langsam legte Marie den Hörer auf. „Ist Claire deine beste Freundin?", fragte Maries Schwester Isabelle. „Ja." „Auch wenn du nicht alles verstehst, was sie sagt?" „Ja, trotzdem." Marie wunderte sich selbst darüber, dass sie manchmal Wörter verstehen konnte, die sie nie vorher gehört hatte.

Renate Ahrens ◈

 **2** Warum können Claire und Marie sich verständigen? Überlegt gemeinsam.

 **3** Welche Wörter sind in beiden Sprachen ähnlich? Schreibe sie als Wortpaare auf.

Informationen mit eigenen Worten wiedergeben

1 Was fällt euch zum Begriff **Kinderrechte** ein? Tauscht euch aus.

2 Lest den ganzen Text. Markiert unbekannte Wörter und schwierige Stellen. Klärt sie.

Kinderrechte

Überall auf der Welt haben Kinder
die gleichen Rechte.
Doch die meisten Menschen wissen gar
nicht, dass es spezielle Kinderrechte gibt.
5 Vor mehr als 30 Jahren haben fast alle
Länder der Welt die Kinderrechte
in einem Vertrag festgehalten.
Dieser Vertrag wird auch
Kinderrechtskonvention genannt.
10 Über 50 Absprachen wurden darin
aufgeschrieben.
Der Vertrag soll dafür sorgen,
dass Kinder überall gut leben können.

Viele Länder haben die Kinderrechts-
15 konvention unterschrieben. Damit haben
sie sich verpflichtet, die Absprachen und
Vereinbarungen zu den Kinderrechten
einzuhalten. Trotzdem halten sich
einige Länder nicht daran.
20 In Deutschland wird jedes Jahr am
20. September der Weltkindertag gefeiert.
An diesem Tag sollen alle Menschen daran
erinnert werden, wie wichtig die Kinder-
rechte sind. In vielen Städten finden
25 deshalb besondere Aktionen zu den
Kinderrechten statt.

Name: ________________________________

Name: ________________________________

3 Lest den Text noch einmal. Ein Kind liest den grünen Textteil, das andere den blauen.
Erzählt eurem Partnerkind mit eigenen Worten, was in eurem Abschnitt steht.

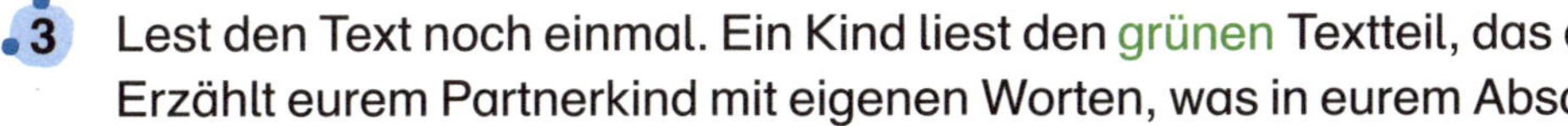

4 Tauscht euch über den ganzen Text aus. Erzählt nacheinander mit eigenen Worten,
was ihr über Kinderrechte erfahren habt.

5 Schreibe eine Information mit eigenen Worten auf, die du dir gerne merken möchtest.

____

____

____

6 Finde heraus, welche Aktionen es in deiner Stadt zum Weltkindertag gibt.
Oder: Informiere dich im Internet über Kinderrechte. Nutze dazu eine Kindersuchmaschine.

Über ein Thema sprechen

 **1** Lest die Kinderrechte auf dem Plakat. Markiert unbekannte Wörter und klärt sie.

Fürsorge durch
die Eltern

einen eigenen Namen

eine eigene Meinung

Leben in Frieden

Beteiligung an
Entscheidungen

medizinische
Versorgung

Kinder haben Rechte!

Schutz vor
Kinderarbeit

Schutz vor Gewalt

faire Behandlung

Freizeit, Spiel und Erholung

Schulbesuch und
Ausbildung

 **2** Bildet Sätze zu den Kinderrechten. Wechselt euch ab.

> Jedes Kind hat ein Recht
> auf einen eigenen Namen.

> Alle Kinder haben
> das Recht …

 **3** Sprecht über die einzelnen Kinderrechte. Klärt Fragen.
Findet Beispiele und berichtet von eigenen Erfahrungen.

 **4** Welche Rechte für Kinder findet ihr noch wichtig?
Sammelt Ideen und schreibt sie auf. Stellt sie der Klasse vor.

____

____

____

____

Eine Liste schreiben

1 Sieh dir das Bild an und lies die Sprechblase. Was will Tim machen? Kreuze an.

☐ Schreibtisch aufräumen   ☐ Stundenplan schreiben   ☐ Schultasche packen

2 Was muss Tim am Montag mitnehmen?
Wähle passende Gegenstände aus.
Schreibe sie als Liste untereinander auf.

Stifte · Badehose · Trinkflasche
Frühstück · Mathebuch · Sportschuhe
Schwimmbrille · Sportkleidung · Kleber
Schere · Musikmappe · Religionsmappe
Deutschbuch · Schreibheft

Für Montag:
– Stifte
– Trinkflasche
–

3 Schreibe eine Packliste für deine Schultasche.
Oder: Schreibe eine Liste mit allen Dingen,
die du morgen erledigen musst.

Über ein Erlebnis schreiben

1 Denke an ein Erlebnis aus den Sommerferien zurück.
Welches Adjektiv beschreibt dieses Erlebnis am besten?
Markiere es.

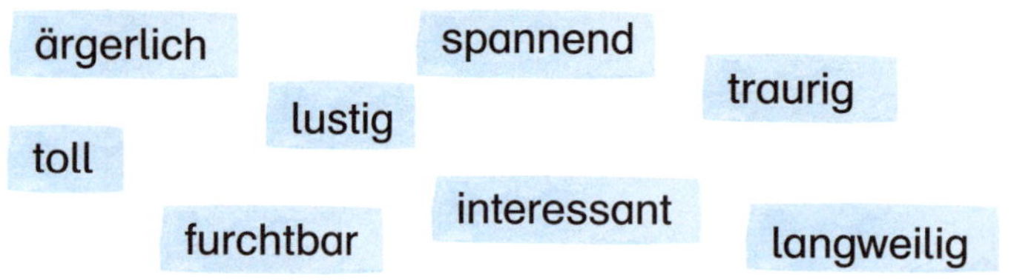

 **2** Schreibe Stichworte zu deinem Erlebnis auf.
Oder: Erstelle eine Mind-Map zu deinem Erlebnis.

3 Notiere deine wichtigsten Stichworte an der passenden Stelle
am roten Faden.

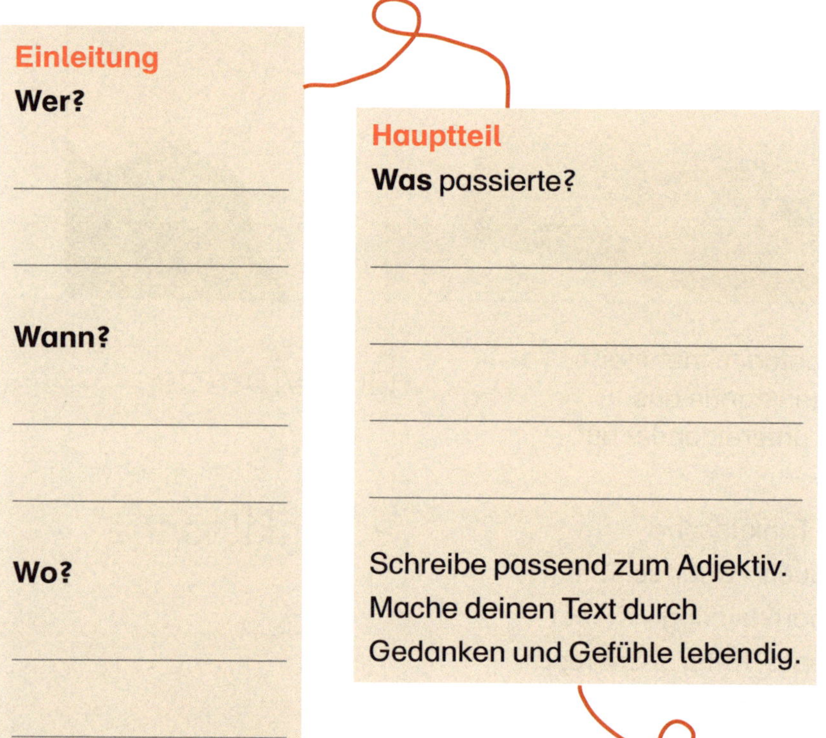

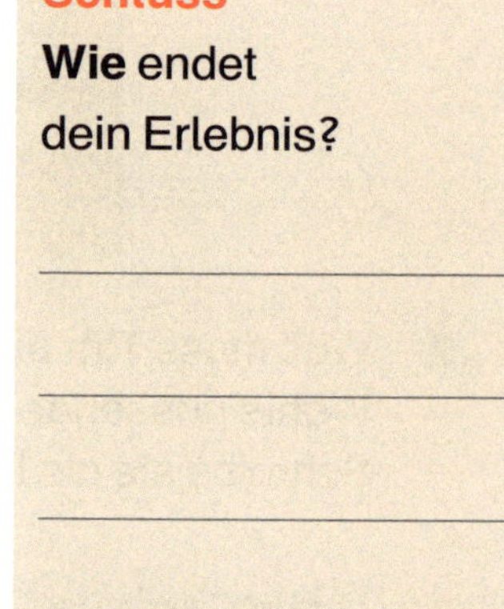

 **4** Schreibe dein Erlebnis in der Ich-Form auf. Nutze deine Stichworte
oder deine Mind-Map aus Aufgabe 2 und die Hinweise am roten Faden.

5 Finde eine Überschrift zu deinem Text.
Darin soll das Adjektiv aus Aufgabe 1 vorkommen.

6 Lest euch eure Texte gegenseitig vor. Welche Stelle im Text passt besonders gut
zum ausgewählten Adjektiv? Gebt euch Rückmeldung.

Wortarten

1 Sieh dir die Plakate an. Schreibe zu jeder Wortart drei Beispielwörter auf.

Nomen (Substantive)
Namen für Menschen, Tiere, Pflanzen, Dinge und Gefühle
Probe:
– Artikel davorsetzen
– Einzahl/Mehrzahl bilden

Verben
Was tut jemand?
Was geschieht?

Probe:
– Grundform oder Personalform bilden (ich, du, er/sie/es, wir, ihr, sie)

Adjektive
Wie ist etwas?
Wie sieht etwas aus?

Probe:
– Vergleichsstufen bilden

Beispiele:

____________________ ____________________ ____________________

____________________ ____________________ ____________________

____________________ ____________________ ____________________

____________________ ____________________ ____________________

2 Lies die Spielanleitung. Markiere zu jeder Wortart sechs verschiedene Beispiele. Verwende dazu verschiedene Farben:

Nomen 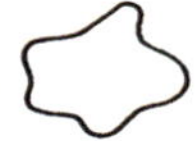 Verben 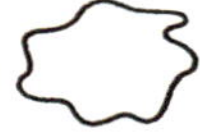 Adjektive 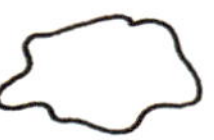

Stadt – Land – Fluss

Ihr braucht einen spitzen Stift und ein Blatt.

Zeichnet eine ordentliche Tabelle mit mehreren Spalten.

Legt dann die Oberbegriffe für die Spalten fest.

Ein Kind sagt langsam in Gedanken das Alphabet auf.

Wenn ein anderes Kind „Stopp!" ruft, nennt es laut

den Buchstaben, bei dem es gerade angekommen ist.

Findet nun passende Wörter, die mit diesem

Buchstaben beginnen, und tragt sie in eure Tabelle ein.

Das schnellste Kind ruft „Stopp!". Legt eure Stifte hin

und vergleicht eure Ergebnisse. Für jeden richtigen

Begriff gibt es einen Punkt.

3 Schreibe zu jedem Wort aus Aufgabe 2 den passenden Beweis auf.

Nomen: der Stift – die Stifte,

Verben: braucht – brauchen,

Adjektive: spitz – spitzer – am spitzesten,

4 Finde in der Wörterliste vier Nomen, Verben und Adjektive.
Schreibe sie mit dem passenden Beweis auf.

Spielt Stadt – Land – Fluss mit den Oberbegriffen **Nomen**, **Verb**, **Adjektiv**.

Nomen mit heit, keit, nis, ung 

1 Finde zu den farbigen Nomen verwandte Verben oder Adjektive. Schreibe sie auf.

begeistern,

2 Bilde Nomen mit den Wortbausteinen **heit**, **keit**, **ung**.

bewegen · ehrlich · dumm · erfahren · erwarten · tapfer · sicher · verdoppeln · retten

bewegen – die Bewegung,

3 Bilde zu diesen Nomen mit **nis** die Mehrzahl. Markiere **nis** und **nisse**.

Sportereignis · Fußballergebnis · Slalomhindernis · Spielerverzeichnis

Merksatz

Die Wortbausteine **heit**, **keit**, **nis** und **ung** verwandeln Verben und Adjektive in Nomen (Substantive). Nomen (Substantive) haben Artikel.
*die Dumm**heit**, die Tapfer**keit**, das Geheim**nis**, die Erwart**ung***

Wörter mit aa, ee, oo

1 Lies die Rätselsätze. Welche Wörter sind gemeint? Schreibe sie auf und markiere die doppelten Selbstlaute.

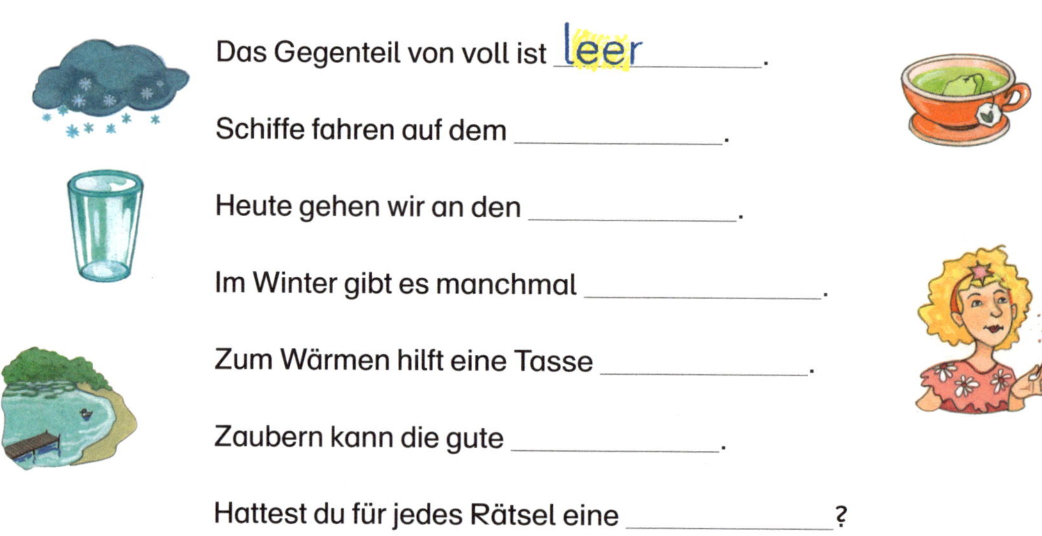

Das Gegenteil von voll ist __leer__.

Schiffe fahren auf dem ____________.

Heute gehen wir an den ____________.

Im Winter gibt es manchmal ____________.

Zum Wärmen hilft eine Tasse ____________.

Zaubern kann die gute ____________.

Hattest du für jedes Rätsel eine ____________?

2 Setze **aa**, **ee** oder **oo** passend ein.

• W aa ge • • B □ t • • Erdb □ re • • H □ r • • Z □ • • S □ le • • M □ r

• Sp □ r • • P □ r • w □ gerecht • d □ f • p □ rweise • • □ l • • Pür □

3 Schreibe die Wörter aus Aufgabe 2 mit Artikel auf und markiere die doppelten Selbstlaute.

aa: die Waage, ____________

____

ee: ____________

____

oo: ____________

4 Diktiert euch alle Wörter mit **aa**, **ee** und **oo** von dieser Seite. Kontrolliert euch gegenseitig.

5 Schreibe zehn Sätze mit Wörtern aus Aufgabe 1 und 2. Markiere die doppelten Selbstlaute.

Schreibe die Wörter mit **aa**, **ee** und **oo** von dieser Seite am Computer:
- in verschiedenen Schriften,
- in den Schriftgrößen 14 und 20,
- in Rot, Blau, Grün.

Richtig abschreiben

1 Lies den Text langsam Satz für Satz.

Schule anderswo

Jana geht in die vierte Klasse der

Sonnenschein-Grundschule.

Ihre Schule hat eine Partnerschule in Polen.

Jedes Jahr besucht eine Gruppe von Kindern,

5 Eltern und Lehrkräften diese Schule.

Sie fahren alle gemeinsam mit dem Bus dorthin.

Dieses Jahr darf Jana auch mitfahren.

Sie ist schon sehr aufgeregt, denn sie wird eine Woche

bei einer anderen Familie verbringen.

10 Natürlich wird sie dort auch jeden Tag in die Schule gehen.

Wie ist es wohl in einer polnischen Schule?

Ist es genau wie in Deutschland? Oder ist es ganz anders?

2 Lies den Text ein zweites Mal. Markiere für dich schwere Wörter.

3 Schreibe den Text richtig ab. Schreibe auf die Rückseite dieser Seite.
Denke dabei an die Schritte des Abschreibens:

lesen → schwere Stellen merken → schreiben → kontrollieren und verbessern

4 Kontrolliere deinen Text ein zweites Mal.
Lies ihn dazu Wort für Wort von hinten nach vorne.
Verbessere Fehler.

5 Tausche dein Blatt mit einem Partnerkind.
Kontrolliert gegenseitig eure Texte.
Markiert Fehler und gebt dann die Texte zurück.

6 Verbessere deinen eigenen Text noch einmal.

Hat eure Schule auch eine Partnerschule?
Schreibt der Schule einen Brief oder eine E-Mail.
Berichtet von eurem Schulalltag und fragt, wie der Schulalltag
an eurer Partnerschule aussieht.

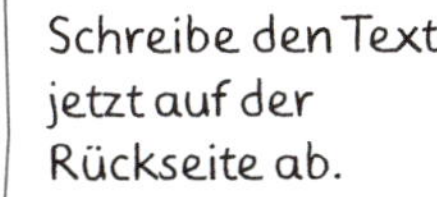

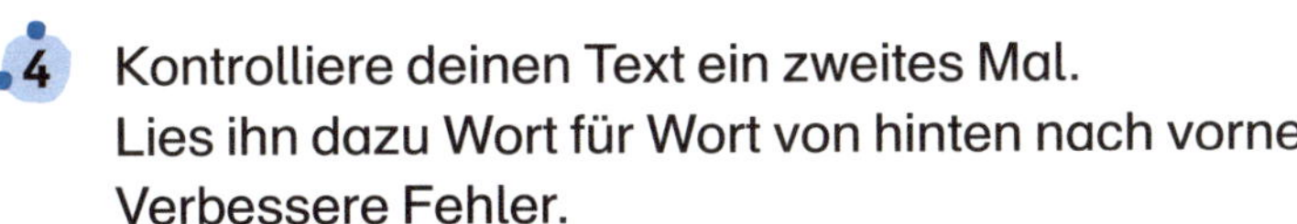

Schule anderswo

Nomen und Satzanfänge großschreiben

Groß/klein? 

Nomen und Satzanfänge großschreiben
Groß/klein?
der Tisch   *ein Tisch – viele Tische*   **Der H**und bellt.
die Angst

1 Finde die zwölf Nomen und schreibe sie richtig auf.

GEHEIMNIS · TRAUER · FREUNDSCHAFT · NETT · DURST
BILDUNG · UNSICHER · TISCHBEIN · SCHÖNHEIT · WELT
ENTDECKT · RECHT · SPIELFELD · GRASHALM · MONTAG

das Geheimnis, _______________________________________

____

____

____

2 Schreibe den Text richtig ab.
Achtung! Siebzehn Wörter musst du großschreiben.

ich bin groß und mag es warm.

bis zu sechzig jahre kann ich alt werden.

immer habe ich großen hunger.

fleisch mag ich nicht.

in meiner heimat bin ich das schwerste tier.

sehen kannst du mich in afrika, in asien und im zoo.

du erkennst mich an meinen zwei weißen

stoßzähnen und meinem langen rüssel. wer bin ich?

3 Welches Wort passt nicht in die Zeile. Streicht es durch und begründet.

SAFT · SAFTGLAS · GETRÄNK · SAFTIG

GLÜCK · LACHEN · FREUDE · WUT

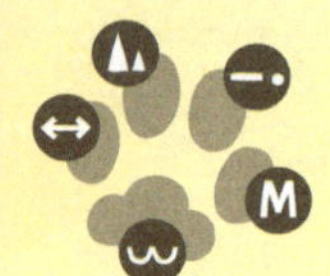

STARK: Alle Strategien anwenden

1 Lies den Text zweimal. Sieh dir beim zweiten Mal
die farbigen Wörter ganz genau an.

> Musik gehört auf der ganzen Welt zum Leben der Menschen.
> Denn tatsächlich kann man sagen: Jeder Mensch hört oder
> macht Musik, ebenso wie auch jeder spricht.
> Musik ist auch ein Teil deines täglichen Lebens. Du singst oder
> tanzt. Du spielst ein Instrument oder du hörst Radio. Vielleicht
> bist du auch im Chor oder pfeifst unter der Dusche vor dich hin.
> Oft wird gesagt: Musik verbindet Menschen. Warum wohl?

2 Schreibt jedes farbige Wort aus dem Text auf eine Karte.

3 Führt ein Rechtschreibgespräch zu jedem Wort.

Rechtschreibgespräch

1. An welcher Stelle könntet ihr
   beim Schreiben unsicher sein?
   Markiert diese Stelle.

2. Welche Strategie hilft euch? Begründet.
   Ergänzt die Strategie auf der Karte.

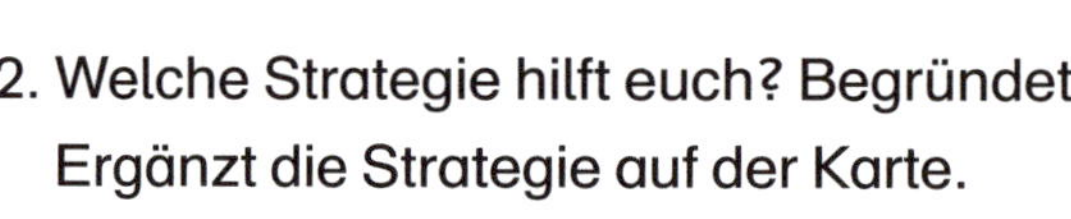

3. Findet drei weitere Wörter, bei denen
   euch die Strategie auch hilft.
   Schreibt sie auf die Rückseite der Karte.

4 Wähle drei Wörter aus, die du besonders schwer findest.
Schreibe mit jedem Wort einen Satz.

____

____

____

____

Das kann ich schon

Unsere Erde ist in sieben Kontinente eingeteilt. Sie heißen Asien, Afrika, Nordamerika, Südamerika, Antarktis, Europa und Australien. Ein Kontinent ist eine sehr große, zusammenhängende Landfläche. Fast immer sind die einzelnen Kontinente durch einen Ozean voneinander getrennt. Nur zwischen uns in Europa und unserem Nachbarn Asien liegt kein Meer. Nirgendwo leben mehr Erwachsene und Kinder als in Asien. Eine weitere Besonderheit dort ist der Mount Everest. Das ist der höchste Berg der Welt. Auch das höchste Gebäude der Welt steht in Asien, nämlich in der Stadt Dubai.

Nomen mit heit, keit, nis, ung

1 Bilde Nomen mit den Wortbausteinen **heit**, **keit**, **nis**, **ung**.

| heit | kennen · krank · wirklich · retten
übel · heiser · finster · begegnen
unsicher · erholen · ergeben · frei
wandern · bilden · klug · geheim | nis |
| keit | | ung |

kennen – die Kenntnis,

____

____

____

____

____

____

____

____

Übungswörter

Afrika
Amerika
Antarktis
Asien
Australien
die Besonderheit
der Erwachsene
Europa
der Kontinent
der Nachbar
der Ozean
er steht
stehen
hoch

dort
nirgendwo
voneinander

Diese Seite fand ich:
○ leicht ○ mittel ○ schwer

2 Setze **aa**, **ee** oder **oo** passend ein.

• H**aa** r • M   s • Kl   • P   r • Z   • Himb   re
• Id   • S   • S   l • Kaff   • S   stern • Pür

3 Schreibe die Wörter aus Aufgabe 2 mit Artikel auf und markiere die doppelten Selbstlaute.

aa: das Haar,

ee:

oo:

4 Schreibe die Wörter zu den Bildern auf. Markiere die doppelten Selbstlaute.
Kontrolliere mit der Wörterliste.

 das Boot

Diese Seite fand ich:
○ leicht   ○ mittel   ○ schwer

Wortarten

5 Lies den Text. Markiere die elf Nomen, neun Verben und
fünf Adjektive. Verwende dazu verschiedene Farben.

Die Sommerferien sind vorbei.

Viele von uns fuhren mit ihren Familien

in den Urlaub. Sie erlebten eine Menge

schöner, spannender und lustiger Sachen.

Andere Kinder blieben in den Ferien daheim.

Auch sie hatten viel Spaß.

Jetzt beginnt die Schule wieder.

Die Freude ist bei allen groß, weil wir uns nun wiedersehen.

Bestimmt erwartet alle ein tolles Schuljahr!

6 Schreibe die markierten Wörter aus Aufgabe 5 nach Nomen, Verben und Adjektiven
sortiert auf.

Nomen: ____

____

____

____

Verben: ____

____

____

____

Adjektive: ____

____

____

Richtig abschreiben

7 Schreibe die Schritte des Abschreibens in der richtigen Reihenfolge auf. Verbinde jeden Schritt mit dem passenden Bild.

kontrollieren und verbessern | lesen | schreiben | schwere Stellen merken

____

____

____

____

8 Schreibe diese Wörter ab. Beachte die Schritte des Abschreibens. Hake jedes Wort nach dem Kontrollieren ab.

der Schuljahresbeginn ________________________________

die Viertklässler ________________________________

die Streitschlichterausbildung ________________________________

das Weltkindertagsfest ________________________________

Alle Strategien üben

Markiere die Fehlerwörter. Schreibe die passenden Strategiezeichen darüber.

Überal auf der welt leben Kinder.

In fast allen Lendern sind die Jungen in der Überzal. (4)

Schreibe nun beide Sätze richtig auf.

____

____

____

Im Wald

spazieren

● Baumstamm

● Nadelbaum

hart

finden

● Eichhörnchen

● Pilz

orange

schützen

● Laubbaum

● Wurzel

stachelig

pflanzen

matschig

Alles richtig? ☐

Hier schreibe ich Wörter, Texte, Ideen und Fragen zum Bild auf.

Ein Gedicht und einen Sachtext lesen

Verschiedene Bäume

Viele Bäume bilden gemeinsam einen Wald.
Weil es auf der Erde so viele unterschiedliche
Bäume gibt, ist es oft schwierig, die einzelnen
Arten zu erkennen. Doch gibt es nur zwei
Hauptgruppen: Laubbäume und
Nadelbäume.

Laubbäume

Diese Bäume haben breite, flache
Blätter. Am Baum öffnen sich Blüten,
aber sie sind manchmal klein und
unauffällig. Die Samen reifen in
Früchten, wie z. B. in Feigen oder
Äpfeln. Die meisten Laubbäume
werfen ihre Blätter im Herbst ab.
Im Frühjahr wachsen dann neue.

Jen Green

Nadelbäume

Die Blätter dieser Bäume
werden Nadeln genannt.
Ihre Blüten sind meistens eher
unauffällig. Viele Nadelbäume
werfen ihr Laub im Herbst nicht
ab. Die Samen entwickeln sich
im Inneren harter, robuster
Zapfen.

Ein Kinderbuch lesen

Ronja Räubertochter

Ronja ist die Tochter des Räuberhauptmannes Mattis. Die ersten Jahre ihres Lebens verbringt sie ausschließlich in der Burg, in der sie mit der Räuberbande ihres Vaters lebt. Eines Tages erlaubt ihr Mattis, dass sie sich von nun an frei im Wald bewegen darf, der die Burg umgibt.

5 Vom Wald hatten sie gesprochen.
Aber erst, als sie ihn so dunkel und
verwunschen mit all seinen rauschenden
Bäumen sah, begriff sie, was Wälder
waren. Und sie lachte leise,
10 weil es Flüsse und Wälder gab.
Es war kaum zu glauben – wahr und
wahrhaftig, es gab große Bäume und
große Gewässer, und alles war voller
Leben, musste man da nicht lachen!
15 Sie folgte dem Pfad geradewegs hinein
in den wildesten Wald und kam zum
Weiher. Weiter durfte sie nicht gehen,
hatte Mattis gesagt. Und der Weiher lag
dort schwarz zwischen dunklen Tannen,
20 nur die Seerosen auf dem Wasser
leuchteten weiß. Ronja wusste nicht,
dass es Seerosen waren,
aber sie sah sie lange an
und lachte leise, weil es sie gab.

25 Dort am Weiher blieb sie den ganzen Tag
und tat vieles, was sie noch nie
ausprobiert hatte. Sie warf Tannenzapfen
ins Wasser und lachte, als sie merkte, dass
sie davonschaukelten, wenn sie nur mit
30 den Füßen plätscherte. So viel Spaß hatte
sie noch nie gehabt! Ihre Füße fühlten
sich so froh und frei an beim Plätschern
und noch froher beim Klettern.
Um den Weiher lagen große, bemooste
35 Findlinge zum Hinaufklettern, und dort
standen Fichten und Kiefern zum
Hangeln. Ronja kletterte und hangelte, bis
die Sonne über den waldigen Bergrücken
zu sinken begann. Da aß sie das Brot und
40 trank Milch aus der Holzflasche, die sie in
einem Lederbeutel mitgenommen hatte.
Danach legte sie sich ins Moos, um eine
Weile auszuruhen, und hoch über ihr
rauschten die Bäume. Sie guckte hinauf
45 und lachte leise, weil es sie gab.

Astrid Lindgren ◆

Ronja Räubertochter gibt es nicht nur als Buch. In welchen Medien wird die Geschichte noch erzählt?

Märchen kennen

1 Lies die Überschrift und sieh dir die Bilder an.
Was weißt du schon über das Märchen?

2 Lies nun das Märchen. Markiere unbekannte Wörter. Kläre sie.

Rotkäppchen

Es war einmal ein kleines Mädchen, das
bekam von seiner Großmutter ein rotes
Käppchen geschenkt. Dieses Käppchen
stand dem Mädchen sehr gut. Darum
5 nannte jeder das Mädchen Rotkäppchen.
Eines Tages sagte Rotkäppchens Mutter:
„Deine Großmutter ist krank. Bring ihr
Kuchen und Wein, damit sie wieder gesund
wird. Verlass aber nicht den Weg und sprich
10 mit niemandem." Rotkäppchen nickte und
machte sich auf den Weg.
Im Wald traf es den bösen Wolf. „Guten
Tag, Rotkäppchen", sprach er. „Wohin
gehst du?" „Zur Großmutter", antwortete
15 das Mädchen. „Was hast du da in deinem
Korb?" „Kuchen und Wein." „Wo wohnt
deine Großmutter?" „Tief im Wald bei den
drei Eichen." „Gut!", dachte der Wolf.
„Die Großmutter und das Rotkäppchen, die
20 schnappe ich mir beide." „Hast du schon
die schönen Blumen bemerkt?", fragte er.
„Großmutter wird sich über einen Strauß
Blumen freuen", dachte Rotkäppchen und
begann, Blumen zu pflücken. Dabei geriet
25 es immer tiefer in den Wald.

Der böse Wolf aber lief zum Haus
der Großmutter. Er ging hinein und
verschlang die Großmutter. Dann zog er
ihre Kleider an und legte sich ins Bett.

30 Als Rotkäppchen beim Haus angekommen
war, wunderte es sich, dass die Tür offen
stand. Es ging an das Bett der Großmutter
und fragte: „Großmutter, warum hast du so
große Ohren?" „Damit ich dich besser hören
35 kann!" „Großmutter, warum hast du so
große Augen?" „Damit ich dich besser
sehen kann!" „Großmutter, warum hast du
so große Hände?" „Damit ich dich besser
packen kann." „Großmutter, warum hast du
40 so ein großes Maul?" „Damit ich dich besser
fressen kann!", rief der Wolf und verschlang
auch das Rotkäppchen.
Dann legte er sich wieder ins Bett.
Er schlief ein und begann, laut zu
45 schnarchen. Das hörte der Jäger, der
am Haus vorbeiging.

„Wie die alte Frau schnarcht! Ich muss
nachsehen, ob alles in Ordnung ist.“
Er ging ins Haus und sah den Wolf.
50 „Jetzt habe ich dich!“, rief er und legte sein
Gewehr an. Da fiel ihm ein, dass der Wolf
die Großmutter gefressen haben könnte.
Er nahm eine Schere und schnitt dem Wolf
den Bauch auf. Da sah er eine rote Kappe
55 und das Rotkäppchen sprang heraus.
Und noch ein paar Schnitte, da kam auch
die Großmutter heraus.
Der Jäger, das Rotkäppchen und
die Großmutter holten große Steine
60 und füllten damit den Bauch des Wolfes.

Als er aufwachte, wollte er fortlaufen.
Aber die Steine waren so schwer, dass er
auf den Boden fiel und starb. Da waren alle
drei glücklich. Der Jäger zog dem Wolf den
65 Pelz ab und ging nach Hause.
Die Großmutter aß den Kuchen und trank
den Wein und erholte sich wieder.
Das Rotkäppchen dachte, dass es
nie wieder den Weg verlassen wird,
70 den es eigentlich gehen soll.

Nach den Brüdern Grimm 

3 Lest den Kasten mit den Märchenmerkmalen. Lest dann noch einmal das Märchen.
Welche Merkmale aus dem Kasten findet ihr dort wieder? Tauscht euch aus.
Schreibt die Merkmale auf.

____

____

____

____

____

Einige Märchenmerkmale

- Märchen beginnen oft mit „Es war einmal …“ und enden oft mit „Und wenn
  sie nicht gestorben sind …“.
- Diese Figuren können in Märchen vorkommen: König, Tochter, Prinz,
  böse Stiefmutter, Jäger, Hexe, Fee, Riese, Zwerg, sprechende Tiere.
- Häufig gibt es magische Gegenstände: einen sprechenden Spiegel,
  einen vergifteten Apfel, eine verzauberte Spindel.
- Märchen spielen an besonderen Orten: im Wald, im Schloss, im Hexenhaus.
- Die Zahlen 3, 7, 12 und 13 spielen eine wichtige Rolle.
- Märchen haben meistens ein gutes Ende.

 Welche Märchen spielen noch im Wald? Sieh in einem Märchenbuch nach.

Textinhalte mit Stichworten wiedergeben

 **1** Lest den Abschnitt. Erzählt euch mithilfe der farbigen Stichworte, was ihr erfahren habt.

Ein Wald ist wie ein Haus, das mehrere Stockwerke hat. In allen Stockwerken leben verschiedene Tiere und Pflanzen. In einem Wald wachsen verschiedene Bäume. Bei uns wachsen im Wald vor allem Laubbäume und Nadelbäume.

 **2** Lest die weiteren Abschnitte. Teilt euch die Abschnitte untereinander auf. Findet für euren Abschnitt wichtige Stichworte. Markiert sie.

 **3** Schreibt die Stichworte untereinander auf.

Der Wald liefert uns Holz. Deswegen ist er für uns Menschen sehr wichtig. Holz ist ein nachwachsender Rohstoff. Das bedeutet, dass immer wieder neue Bäume wachsen. Aus ihrem Holz können wir zum Beispiel Häuser bauen.

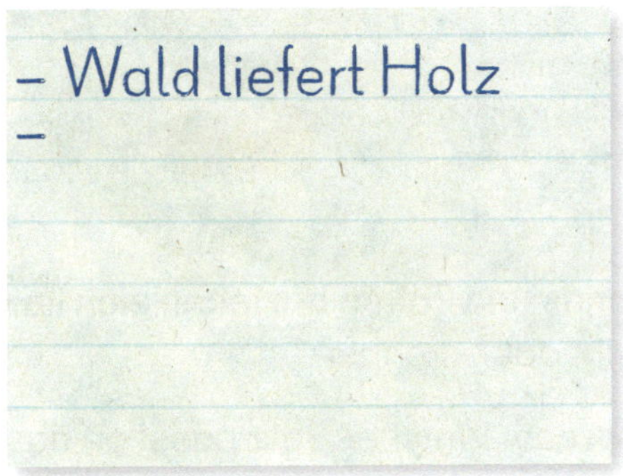

Im Wald können wir die Natur genießen und uns erholen. Weil die Bäume den Verkehrslärm dämpfen, ist es im Wald sehr ruhig. Die Blätter und Nadeln der Bäume reinigen die Luft. Darum ist die Waldluft besonders frisch und gesund.

Wir Menschen gehen nicht immer gut mit dem Wald um. Abgase von Fahrzeugen und Kraftwerken verschmutzen die Luft. Achtlos weggeworfener Müll verunreinigt den Waldboden. Das alles macht die Bäume krank.

 **4** Erzählt euch gegenseitig mithilfe der Stichworte, was ihr in eurem Abschnitt erfahren habt.

Sich in Gesprächen aufeinander beziehen

 **1** Lest die Sprechblasen. Worüber sprechen die Kinder?

 **2** Tim, Lena, Jonas und Fatma beziehen sich im Gespräch aufeinander.
Woran könnt ihr das erkennen?

 **3** Lest das Gespräch. Welcher Satz passt an das Ende des Gespräches?
Kreuzt an.

☐ Der Wald ist auch der Arbeitsplatz des Försters.   ☐ Ich finde den Wald im Sommer am schönsten, weil es dort schön kühl ist.

Jonas: Ich mag den Wald im Herbst am liebsten, weil die Blätter dann
so bunt leuchten.

Lena: Ja, im Herbst gefällt mir der Wald auch besonders gut.
Da kann ich Kastanien sammeln und etwas daraus basteln.

Fatma: Mir gefällt der Wald im Frühling am besten, weil da die Natur
wieder lebendig wird.

Tim: …

4 Wählt ein Thema und sprecht darüber. **Oder:** Überlegt euch ein eigenes Thema.
Achtet darauf, dass ihr euch mit euren Beiträgen aufeinander bezieht.

Wie können wir den Wald schützen?   Programm für unseren Waldtag

Themen für Waldvorträge

Ein Rondell schreiben

1 Lest das **Rondell**. Welches Tier zwitschert im Wald? Kreuzt an.

☐ eine Amsel　　☐ eine Meise　　☐ ein Rotkehlchen

Ich höre Geräusche im Wald.
Was zwitschert denn da?
Welch schöne Melodie.
Ich höre Geräusche im Wald.
Da entdecke ich eine Meise.
Sie fliegt hoch in den Baum.
Ich höre Geräusche im Wald.
Was zwitschert denn da?

2 Untersucht den Aufbau des Rondells.

Wie viele Zeilen hat das Rondell? ___________________________

Welche Zeilen sind gleich? ___________________________

Was ist mit den anderen Zeilen? ___________________________

Gibt es Reime? ___________________________

3 Schreibe ein Rondell über einen anderen Vogel im Wald.
Verändere Zeile 3, 5 und 6. Du musst nicht alle Wörter ersetzen.

Ich höre Geräusche im Wald.
Was zwitschert denn da?

____

Ich höre Geräusche im Wald.

____

____

Ich höre Geräusche im Wald.
Was zwitschert denn da?

4 Schreibe mithilfe des Tipps ein eigenes Rondell zum Wald.
Wähle einen Satz aus, den du in Zeile 1, 4 und 7 einträgst.
Oder: Schreibe ein Rondell zu einem anderen Thema.

Der Wald ist schön.　　Es ist kalt und neblig.　　Ich sehe Spuren im Wald.

Texte anschaulich schreiben

1 Lies die Geschichtenanfänge. Was fällt dir auf?

A Es waren Herbstferien. Tom, Nuri und Anna streiften durch den Wald. Plötzlich raschelte es im Gebüsch. Sie blieben stehen. Es raschelte noch einmal. Da …

B Es waren Herbstferien. Tom, Nuri und Anna streiften durch den Wald. Plötzlich raschelte es im Gebüsch. „Was war das?", flüsterte Tom. Sie blieben stehen. Anna stotterte: „Bit-te kein …" Es raschelte noch einmal. „Lasst uns ganz leise warten", meinte Nuri. Da …

2 Welcher Geschichtenanfang klingt lebendiger? Tauscht euch aus.

☐ Anfang A ☐ Anfang B

3 Lies den Text und die Sätze in den Sprechblasen.
Verbinde die Sprechblasen mit der passenden Stelle im Text.

… sprang direkt vor ihnen ein Reh aus dem Gebüsch.

Das Reh erschrak, blieb kurz stehen und lief schnell davon.

Tom, Nuri und Anna mussten lachen, als sie merkten, wie viel Schreck ihnen das Reh eingejagt hatte.

Erleichtert gingen sie nach Hause.

4 Schreibe den Geschichtenanfang **B** ab. Ergänze den Text aus dem Kasten. Füge dabei die Sprechblasen mit passenden Begleitsätzen hinzu. Denke an alle Zeichen. **Oder:** Überlege dir eigene Sprechblasen.

Schreibe eine eigene Waldgeschichte. Denke dabei an den roten Faden.

Gewusst wie: Texte überarbeiten

Eine Schreibkonferenz durchführen

Wähle höchstens drei Kinder für eine Schreibkonferenz aus. Hast du die Geschichte mit dem Computer geschrieben, kannst du jedem Kind ein Exemplar ausdrucken.

Lies deine Geschichte **vor**. Nach dem Vorlesen darf jeder **sagen**, **was** ihm an der Geschichte **gefallen hat**.

Frage deine Zuhörer:
- **Versteht ihr** die Geschichte oder fehlt etwas?
- Hat die Geschichte einen **roten Faden**?
- Habe ich **wörtliche Rede** verwendet?
- Habe ich **treffende Verben** und **treffende Adjektive** verwendet?
- Habe ich die **Zeitform** eingehalten?
- Ist das **Ende** der Geschichte **verständlich**?

Überarbeitet gemeinsam die Geschichte Satz für Satz.
Du kannst Sätze ergänzen, umstellen, kürzen oder Wörter austauschen.

Lies die Geschichte noch einmal vor. **Achtet** gemeinsam besonders **auf wörtliche Rede, treffende Verben und Adjektive** und die **Zeitform**.

Was ist wichtig, wenn du Texte überarbeitest? Kreuze an.

☐ Meine Partner sagen zuerst, was ihnen gefallen hat.

☐ Meine Partner achten auf den roten Faden der Geschichte.

☐ Meine Partner achten auf die Zeitform der Geschichte.

☐ Wir überarbeiten die Geschichte nicht Satz für Satz.

1 Max hat eine Geschichte geschrieben.
Lies die Geschichte. Beachte die vier Stellen, die man verbessern kann.

> Am Samstag ging ich mit meiner Schwester in den Wald hinter unserem Haus.
>
> **1**
>
> Mitten im Wald kamen wir an einer Hütte vorbei. Die Tür hatte kein Schloss
>
> mehr. Wir beschlossen, in die Hütte zu gehen. Es war dunkel und kalt.
>
> **2**
>
> Die Hütte ist leer. Nur ein paar Spinnweben hingen an der Decke. Etwas
>
> **3**
>
> unheimlich war es schon. Plötzlich hörten wir ein Geräusch. Wir beschlossen,
>
> **4**
>
> die Hütte besser wieder zu verlassen. Schnell gingen wir weiter.

2 Ordne den Nummern im Text die Tipps zu.

☐ Hier kann man die Hütte mit passenden Adjektiven genauer beschreiben.

☐ Diese Stelle kann mit einem treffenden Verb genauer beschrieben werden.

☐ Hier stimmt die Zeitform nicht.

☐ An dieser Stelle kann wörtliche Rede den Text viel lebendiger machen.

3 Markiert weitere Stellen, die man verbessern kann.
Was kann Max an diesen Stellen besser machen? Formuliert Tipps wie in Aufgabe 2.

____

____

____

4 Überarbeitet die Geschichte in einer Schreibkonferenz.

5 Besprecht. Was hat bei der Schreibkonferenz gut geklappt? Was könnt ihr verbessern?

Wörtliche Rede und Begleitsätze

1 Markiere die wörtliche Rede und den Begleitsatz in verschiedenen Farben.

Lena sagt: „Unser Waldtag war super."

„Stimmt!", ruft Jonas.

„Wir haben viele tolle Dinge entdeckt", erinnert sich Fatma.

Tim fragt: „Können wir bald mal wieder in den Wald gehen?"

2 Lies das Gespräch. Schreibe jede Sprechblase mit einem vorangestellten
oder einem nachgestellten Begleitsatz auf. Setze dabei die richtigen Zeichen.
Die Wörter im Kasten und der Tipp können dir helfen.

sagen · entgegnen · fragen · bestätigen · berichten
antworten · vorschlagen · rufen · erklären · meinen

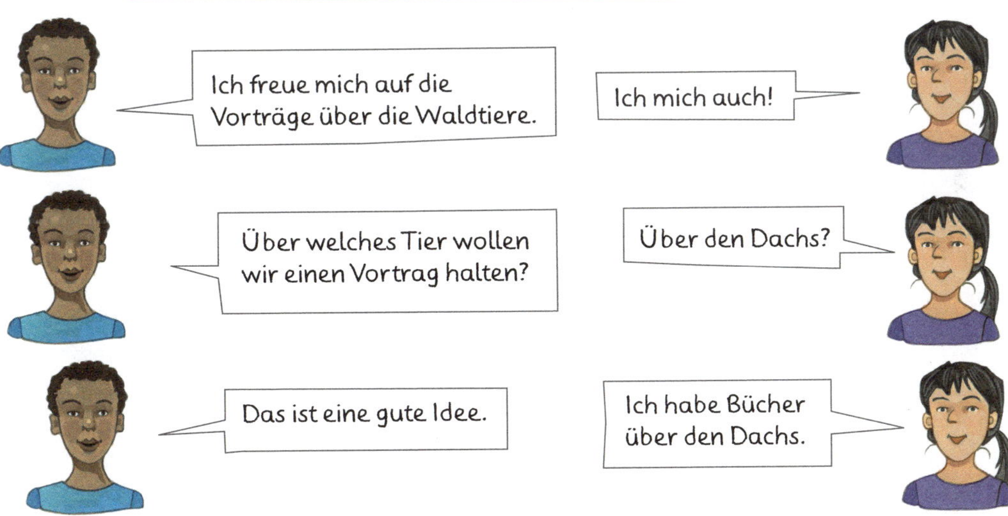

„Ich freue mich auf die Vorträge über die Waldtiere",
sagt Jonas.

Tipp

Wörtliche Rede mit Begleitsätzen

.................: „...................."

„...................", ...

„...................!", ...

„...................?", ...

3 Wie könnte das Gespräch weitergehen? Ergänze weitere Sätze.
Oder: Erfinde ein Gespräch mit deiner Freundin oder deinem Freund.

Finde im Märchen auf Seite 29/30 wörtliche Rede mit Begleitsätzen.

1 Zerlege jedes zusammengesetzte Nomen in Adjektiv und Nomen.

der Buntspecht · der Hochsitz · das Wildschwein · der Rotfuchs

der Buntspecht: bunt + der Specht,

2 Bilde zusammengesetzte Nomen aus Adjektiv und Nomen.

alt · groß · faul
hoch · böse

das Haus · das Papier
das Tier · der Wicht · die Stadt

alt + das Papier: das Altpapier,

3 Zerlege jedes zusammengesetzte Nomen in Verb und Nomen.
Markiere beim Verb den Wortstamm.

die Trinkflasche · der Laufschuh · das Klemmbrett · der Parkplatz · der Gehweg

die Trinkflasche: trinken + die Flasche,

4 Bilde zusammengesetzte Nomen mit dem Verb **wandern**. Markiere beim Verb den Wortstamm.

wandern + der Weg: der Wanderweg,

____

____

____

____

5 Zerlege jedes zusammengesetzte Nomen in zwei Nomen. Markiere den Artikel und das Grundwort.

die Waldameise · der Waldboden · das Waldtier · der Laubwald · der Regenwald

die Waldameise: der Wald + die Ameise,

____

____

____

____

____

6 Setze die Nomen zusammen. Schreibe so: der Vogel + das Nest: das Vogelnest, …
Achtung! Bei manchen Wörtern musst du einen Verbindungsbuchstaben einfügen.

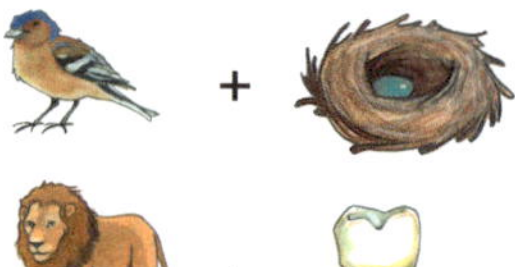 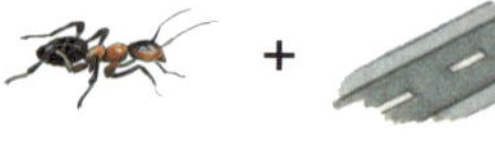   

Wörter mit lk, nk, rk und lz, nz, rz 

1 Lies die Sätze. Sprich die farbigen Wörter besonders deutlich.
Markiere den kurzen Selbstlaut vor **lk**, **nk**, **rk** und **lz**, **nz**, **rz** mit einem ..

Ich gehe im Wald spazieren. Am Himmel sind nur

wenige Wolken. Ich setze mich kurz auf eine Bank.

Die Bäume im Wald stehen ganz dicht. Ich sehe

Birken und Eichen. Auf dem Boden liegt viel Holz.

Ich entdecke auch Pilze. Viele Pflanzen haben

leuchtende Blätter. Sie glänzen in der Sonne.

Ich sammle einige Blätter. Daraus bastele ich

ein Geschenk für meinen Onkel. Das möchte ich

ihm zum Geburtstag schenken.

2 Schreibe die Nomen in der Einzahl und in der Mehrzahl auf.
Markiere den kurzen Selbstlaut vor **lk**, **nk**, **rk** und **lz**, **nz**, **rz** mit einem ..

der Prinz – die Prinzen,

3 Schreibe die Verben in allen Personalformen im Präsens auf.
Schreibe so: erzählen: ich erzähle, du …

erzählen   trinken   tanzen   erklären

Schreibe einem Partnerkind zehn Wörter aus Aufgabe 1 und 3 auf Papierstreifen.
Tauscht eure Wörter. Schreibt ein Wendediktat.

Merksatz

Nach einem kurzen Selbstlaut (Vokal) stehen mindestens zwei Mitlaute (Konsonanten).
Wolke, Schrank, Gurke, Pilz, Pflanze, kurz

Wörter mit o/ö und u/ü

1 Finde Wortpaare. Markiere gleiche Wortpaare mit der gleichen Farbe.

| Buch | Kopf | Chor | Brot | Stunde | Wut | jung | Korb |

| Köpfchen | Bücher | stündlich | Brötchen | Chöre | wütend | Körbe | jünger |

2 Ordne die Wörter nach ihren Wortfamilien. Markiere den Wortstamm.

> mündlich · der Busch · die Größe · der Mund · das Gebüsch · die Münder
> die Großmutter · größer · die Büsche · bevormunden · vergrößern · buschig

mund: mündlich, ________________________________

____

busch: ________________________________

____

groß: ________________________________

____

3 Findet möglichst viele Wörter mit diesen Wortstämmen. Markiert den Wortstamm.
Schlagt auch in der Wörterliste oder im Wörterbuch nach.
Schreibt so: sturm – die Sturmflut, …

| sturm | gruß | grund | stoß |

Wähle eine Wortfamilie von dieser Seite. **Oder:** Wähle eine eigene Wortfamilie.
Bilde einen Satz mit möglichst vielen Wörtern dieser Wortfamilie.
Nachdem der Herbststurm über das Land gestürmt war, gab es viele Sturmschäden.

Das kann ich schon

Lena und ihr Bruder Jakob laufen durch den Wald. Sie haben sich verlaufen. Es ist Nacht. Eine Wolke verdunkelt den Mond. Alles ist ganz schwarz. Nur ein paar Sterne funkeln am Himmel. „Die Bäume sehen aus wie gefährliche Monster!", ruft Jakob. Er fängt an zu weinen und hält sich an Lenas Arm fest. Sein Herz pocht vor Angst schrecklich laut. „Wir müssen schnell zurück zu Mama und Papa", keucht Lena. „Ich glaube, wir müssen nach links." Die beiden rennen los. Plötzlich hört Lena eine Stimme. „Aufwachen", flüstert Mama ruhig. „Du hattest einen bösen Traum." „Zum Glück", denkt Lena und schläft wieder ein.

Wörter mit o/ö und u/ü

1 Ordne die Wörter nach ihren Wortfamilien. Markiere den Wortstamm.

> kürzlich · zuknöpfen · kochen · die Köche
> kurz · verkürzen · gekocht · der Knopf
> überkochen · kürzen · köcheln
> das Knopfloch · der Kurzschluss
> geknöpft · kurzärmelig · der Chefkoch

das Glück
das Herz
die Wolke
sie denkt
   denken
er fängt an
   anfangen
sie hört
   hören
sie schläft ein
   einschlafen
   gefährlich
   ruhig
   schrecklich
   schwarz

die beiden
links
paar

kurz: kürzlich, _______________________

____

____

koch: _______________________

____

____

knopf: _______________________

____

____

Diese Seite fand ich:
○ leicht   ○ mittel   ○ schwer

Nomen zusammensetzen

 **2** Bilde zusammengesetzte Nomen aus Adjektiv und Nomen.

| billig · bunt · kühl · trocken | das Angebot · das Papier · der Schrank · die Früchte |

billig + das Angebot: das Billigangebot,

____

____

3 Bilde zusammengesetzte Nomen mit dem Verb **schreiben**.
Markiere beim Verb den Wortstamm.

____

____

____

4 Setze die Nomen zusammen. Achtung! Bei manchen Wörtern musst du
einen Verbindungsbuchstaben einfügen.

| der Rauch · die Geburt · die Kirche der Nachbar · die Note | das Haus · das Blatt · das Fenster der Tag · die Wolke |

der Rauch + die Wolke: die Rauchwolke,

____

____

____

Wörtliche Rede und Begleitsätze

5 Lies das Gespräch. Schreibe jede Sprechblase mit einem vorangestellten oder einem nachgestellten Begleitsatz auf. Setze dabei die richtigen Zeichen. Die Wörter im Kasten können dir helfen.

sagen · entgegnen · fragen · vorschlagen · jammern
antworten · erzählen · rufen · hecheln · meinen

„Warum keuchst du so?", fragt der Esel.

6 Schreibe die Nomen in der Einzahl und in der Mehrzahl auf. Markiere den kurzen Selbstlaut vor **lk**, **nk**, **rk** und **lz**, **nz**, **rz** mit einem ₋.

der Arzt – die Ärzte,

____

____

____

____

____

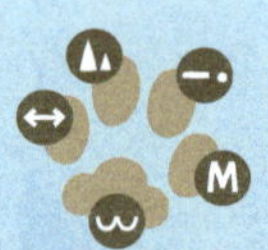

Alle Strategien üben

Markiere die Fehlerwörter. Schreibe die passenden Strategiezeichen darüber.

Die Klase helt Vorträge über Waldtire.

Tim erzählt über den Fux. (4)

Schreibe nun beide Sätze richtig auf.

____

____

____

Sonne, Mond und Sterne

strahlen

● Milchstraße

● Sonnensystem

glühend

abheben

● Mond

● Stern

schwerelos

betrachten

● Planet

● Weltall

voll

staunen

halb

Alles richtig?

Hier schreibe ich Wörter, Texte, Ideen und Fragen zum Bild auf.

Eine Fabel und ein Gedicht lesen

Die Füchsin und der Wolf

Es gab einmal einen gefräßigen Wolf, der in einem
Wald lebte. Eines Nachts begegnete er einer
Füchsin und betrachtete sie gierig. Aber die Füchsin
war schlau und hatte einen Plan und sagte zu dem
Wolf: „Folge mir und du wirst so viel essen können,
wie du nur willst." Die Füchsin führte den Wolf
an einen See und deutete auf das Spiegelbild
des Mondes im Wasser. „Schau dir nur diesen
köstlichen Käselaib an!" Der Wolf leckte sich die
Lippen und begann, am Wasser zu schlecken.
Er trank immer mehr und mehr Wasser und wurde
immer dicker und dicker, bis er – Paff! – in tausend
Teile zerplatzte!

Hannah Pang

Abendlied

Der Mond ist aufgegangen,
die gold'nen Sternlein prangen
am Himmel hell und klar.
Der Wald steht schwarz und schweiget,
und aus den Wiesen steiget
der weiße Nebel wunderbar.

Seht ihr den Mond dort stehen,
er ist nur halb zu sehen,
und ist doch rund und schön.
So sind wohl manche Sachen,
die wir getrost belachen,
weil uns're Augen sie nicht sehn.

Matthias Claudius 

Ein Kinderbuch lesen

Bringen wir mal Licht ins Dunkel

Wenn der Mond die Erde umkreist, scheint er zu bestimmten Zeiten seine Form zu verändern, denn dann strahlt ihn mehr Sonnenlicht an, und wir können ja nur die Teile sehen, auf die das Sonnenlicht trifft. Das bezeichnen wir auch als „Mondphasen" – also die verschiedenen Phasen oder Formen, die wir im Laufe eines Monats von ihm sehen. Von der Erde aus können wir verschiedene Bereiche der uns zugewandten Seite erkennen, je nachdem, wo sich der Mond auf seiner Umlaufbahn befindet.

Beobachte an mehreren Abenden den Mond. Zeichne, was du siehst. Notiere die Mondphase.

Hannah Pang ◈

Zwischenüberschriften finden

1 Lies die Überschrift und sieh dir die Bilder an.
Was weißt du schon über das Thema?

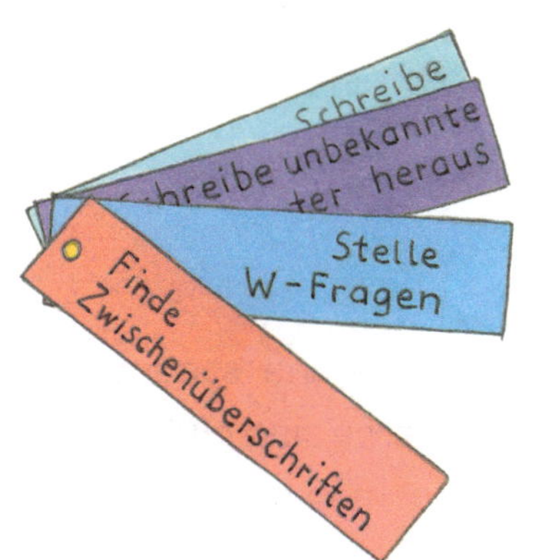

☐ Ich weiß schon ganz viel.

☐ Ich weiß schon einige Dinge.

☐ Ich muss mich noch informieren.

2 Lies nun den Text. Kläre unbekannte Wörter.
Frage ein Partnerkind oder schlage sie nach.

So dachte man früher

Unser Sonnensystem

Vor etwa 500 Jahren hatten die Menschen ein anderes Weltbild
als wir heute. Sie glaubten, dass die Erde der Mittelpunkt
im Weltall sei.
Nikolaus Kopernikus fand durch seine Beobachtungen
5 jedoch etwas ganz anderes heraus:
Alles dreht sich um die Sonne – auch unsere Erde.

Die Erde gehört zu einer Familie von acht Planeten.
Sie alle bewegen sich im Weltall um die Sonne herum.
Weil die Sonne die Mitte bildet, nennt man alles
10 zusammen Sonnensystem.
Jeder Planet dreht sich wie ein Kreisel auf einer festen Bahn.
Die Erde kreist in 150 Millionen Kilometern Entfernung
auf ihrer Bahn um die Sonne.

Die Sonne ist der einzige Stern unseres Sonnensystems.
15 Sterne sind glühende Kugeln aus Gas. Auf einem Stern
hat man also keinen festen Boden unter den Füßen.
Von der Erde aus sehen wir auch andere Sterne leuchten.
Zu unserem Sonnensystem gehören diese aber nicht.

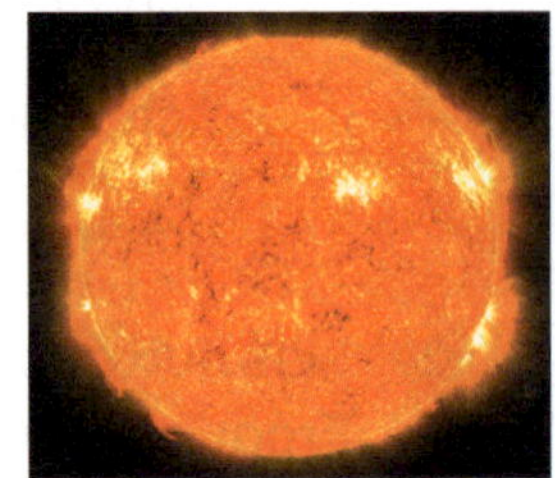

Planeten werden auch Wanderer genannt. Sie bestehen
20 aus Eis oder Gestein, sie sind flüssig oder aus Gas.
Planeten sind kleiner und kälter als Sterne
und können kein eigenes Licht erzeugen.
Einige Kleinplaneten sind so groß wie ein Haus, manche sogar
so groß wie Deutschland, wieder andere sind nicht größer
25 als ein Sandkorn. Millionen von ihnen umkreisen die Sonne.
Ein anderes Wort für Kleinplanet ist Asteroid.

Zu unserem Sonnensystem gehören auch Kometen.
Einen Kometen kennen wir als Stern mit Schweif.
Ein Komet ist aber so etwas wie ein großer Schneeball, der
30 vom Staub schmutzig geworden ist. Einen leuchtenden Schweif
bekommen Kometen nur, wenn sie der Sonne zu nahe kommen.
Dann fangen Staub und Gase an zu brennen.

Monde sind ebenso Teil unseres Sonnensystems.
Sie sind felsige Himmelskörper, die einen Planeten umkreisen.
35 Sie senden kein eigenes Licht aus. Bis auf Merkur und Venus
haben alle Planeten unseres Sonnensystems mindestens
einen Mond. Der Erdmond ist staubig und trocken.

3 Finde für jeden Abschnitt eine Überschrift.
Notiere sie auf den Linien.

Informiere dich über Nikolaus Kopernikus. Suche Informationen
in einem Lexikon oder im Internet. Nutze dazu eine Kindersuchmaschine.

Gewusst wie: Informationen austauschen

In einem **Gruppenpuzzle** wird jedes Kind zu einer Expertin oder einem Experten.

	Bildet Vierergruppen. **Seht** euch gemeinsam **das Thema** mit den **Unterthemen** an.
	Verteilt die Unterthemen auf die Gruppenmitglieder.
	Trefft euch mit den Kindern der anderen Gruppen, die dasselbe Unterthema gewählt haben wie ihr. Gemeinsam bildet ihr ein **Expertenteam**. **Informiert euch** zu eurem Unterthema.
	Tauscht euch in eurem Expertenteam **aus. Seht euch** euer **Material an** und **klärt wichtige Begriffe**. Bringt eigenes Wissen ein. **Bereitet** eure Ergebnisse für **eine Präsentation vor. Übt** die Präsentation.
	Kommt wieder zu eurer Gruppe zurück. **Präsentiert** euch gegenseitig, **was** ihr **in** eurem **Expertenteam herausgefunden** habt.

Was ist wichtig, wenn ihr euch im Expertenteam zu eurem Unterthema informiert? Kreuze an.

- ☐ Wir sehen uns das Material an und wählen aus, welche Texte und Fotos wir brauchen.
- ☐ Eigenes Wissen lassen wir weg. Die Materialien reichen aus.
- ☐ Unbekannte Begriffe klären wir gemeinsam.
- ☐ Jeder sagt, was er zu sagen hat. Einen Gesprächsleiter brauchen wir nicht.

1 Lies das Thema und die vier Unterthemen.
Tausche dich mit deinem Sitznachbarn leise darüber aus.

Die Sonne

Fakten: Größe, Gewicht, Entfernungen

Was ist sie?
Woraus besteht sie?

Seit wann ist sie da?
Wo kommt sie her?

Temperaturen
der Sonne

2 Bildet Vierergruppen. Verteilt die Unterthemen auf die Gruppenmitglieder.
Kreuze dein Unterthema an.

3 Trefft euch in euren Expertenteams und tauscht euch aus.

Diese Materialien haben wir genutzt: _______________________________

____

Diese Begriffe haben wir geklärt: _______________________________

____

Dieses Wissen konnte ich einbringen: _______________________________

____

____

4 Notiert eure Ergebnisse.
Bereitet eine kleine Präsentation vor und übt sie.

5 Kommt in eure Gruppe zurück.
Präsentiert euch gegenseitig,
was ihr in euren Expertenteams
herausgefunden habt.

6 Besprecht gemeinsam: Was hat beim Gruppenpuzzle
gut geklappt? Was könnt ihr noch verbessern?

Einen Text planen: Wortmaterial sammeln

1 In fantasievollen Geschichten gibt es Dinge, die es in Wirklichkeit nicht gibt. Ordne die Ausdrücke zu. Markiere die Kästen in den passenden Farben.

1 Orte **2 Fortbewegungsmittel** **3 Lebewesen**

mitten im Glitzernebel	der Galaxienflitzer	die Planetenwächterin
Zoqua vom Planeten Astrotus	in der Nähe des Planeten Formidabolus	
die Shuttlefahrerin	der 1 000-Monde-Bus	der Galaxienreiseleiter
an der Weltall-Haltestelle	das Planetenshuttle	auf dem Weg ins All

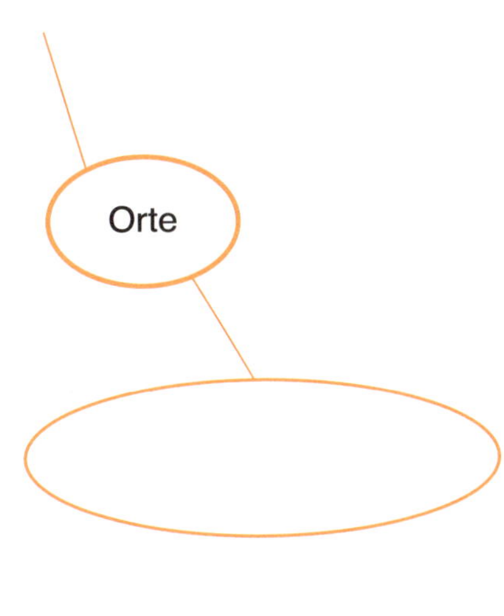

2 Findet weitere passende Ausdrücke. Ordnet sie zu.

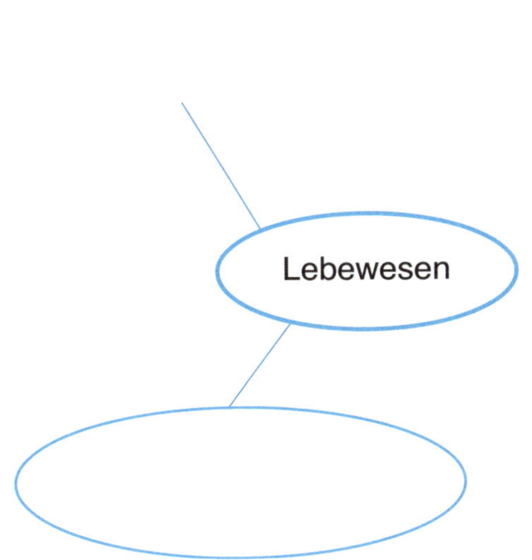

Raumfähre

Fortbewegungsmittel

Lebewesen

Orte

3 Gefühle und Gedanken machen eine Fantasiegeschichte lebendig.
Lest die Sätze und ordnet sie zu. Schreibt die passenden Buchstaben in die Kästen.

Überraschung   **F**reude   **A**ngst   **E**rleichterung

Ich traute meinen Augen nicht.

Mir fiel ein Stein vom Herzen.

Ich war überglücklich.

Ich hätte die ganze Welt umarmen können.

Zum Glück war alles gut ausgegangen.

Ich konnte es kaum fassen.

So etwas hatte ich noch nie erlebt.

Endlich konnte ich wieder ruhig atmen.

Vor lauter Aufregung hielt ich den Atem an.

Mein Herz hüpfte vor Freude.

Der Schreck fuhr mir durch die Glieder.

Ich fühlte mich nicht wohl in meiner Haut.

4 Ergänzt weitere passende Sätze.

Überraschung: _______________________________

____

Freude: _______________________________

____

Angst: _______________________________

____

Erleichterung: _______________________________

____

Zu einem Bild schreiben

1 Sieh dir das Bild an. Was fällt dir dazu ein? Notiere deine Ideen.

____

____

____

____

____

____

2 Wähle Ideen aus und notiere sie auf Karten.
Bringe deine Karten in eine sinnvolle Reihenfolge. Lege sie an den roten Faden.
Ergänze weitere Ideen. Nutze auch die Wörter von Seite 54.

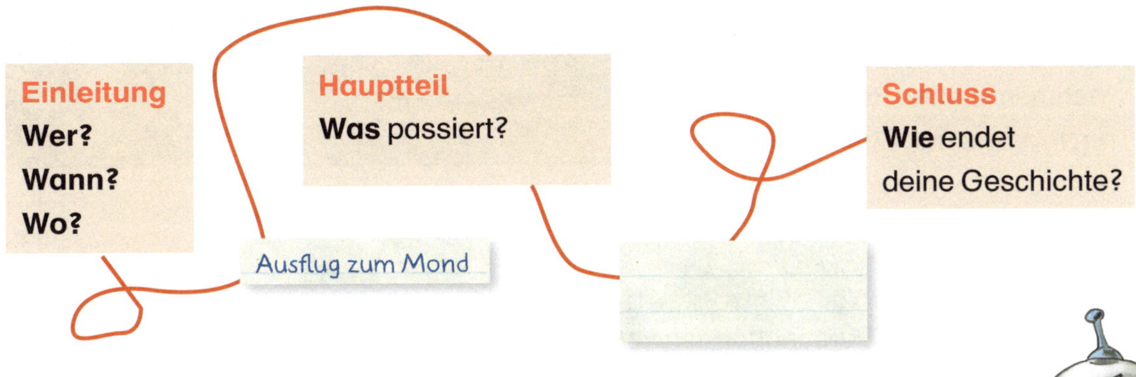

3 Schreibe deine Geschichte auf.
Finde auch eine passende Überschrift.

4 Überarbeite deine Geschichte
in einer Schreibkonferenz.

Verben: Personalform und Wortstamm

1 Lies den Text. Sieh dir die farbigen Wörter genau an. Zu welcher Wortart gehören sie?

*Eagle (sprich: Igel) = englisches Wort für Adler

Die Landung auf dem Mond

Am 20. Juli 1969 schwebt die Landefähre Eagle*

schweben

über der Mondoberfläche. Neil Armstrong sucht

eine geeignete Landestelle. Für 75 Sekunden reicht

der Treibstoff. Doch hier schafft er es nicht.

5 Ein Gewimmel von riesigen Felsbrocken bedeckt

das Gebiet, ein Krater liegt neben dem anderen.

Armstrong steuert die Landefähre von Hand.

Er zieht den Steuerknüppel zu sich und bewegt die Eagle

über einen gefährlichen Krater hinweg. Edwin Aldrin stockt

10 der Atem. Die Uhr zeigt genau 21 Uhr, 17 Minuten und

46 Sekunden. Das Landemanöver gelingt und die Fähre

berührt den staubigen Grund. Die beiden Amerikaner

landen als erste Menschen auf dem Mond.

 **2** Schreibe neben jede Zeile die Grundform des Verbs. Markiere den Wortstamm.

3 Schreibe die Verben lesen und nehmen in allen Personalformen im Präsens auf. Schreibe so:
lesen: ich lese, du ...

Merksatz

Verben haben verschiedene Personalformen.
Bei manchen Personalformen verändert sich der Wortstamm.

tragen	ich **trag**e	wir **trag**en
	du **träg**st	ihr **trag**t
	er/sie/es **träg**t	sie **trag**en

Grundform	Personalformen

Mit Adjektiven vergleichen: als und wie

1 Lies die Quartettkarten. Vergleiche das Alter der Astronautinnen und Astronauten.
Nutze dazu die Adjektive alt, älter, am ältesten und jung, jünger, am jüngsten.

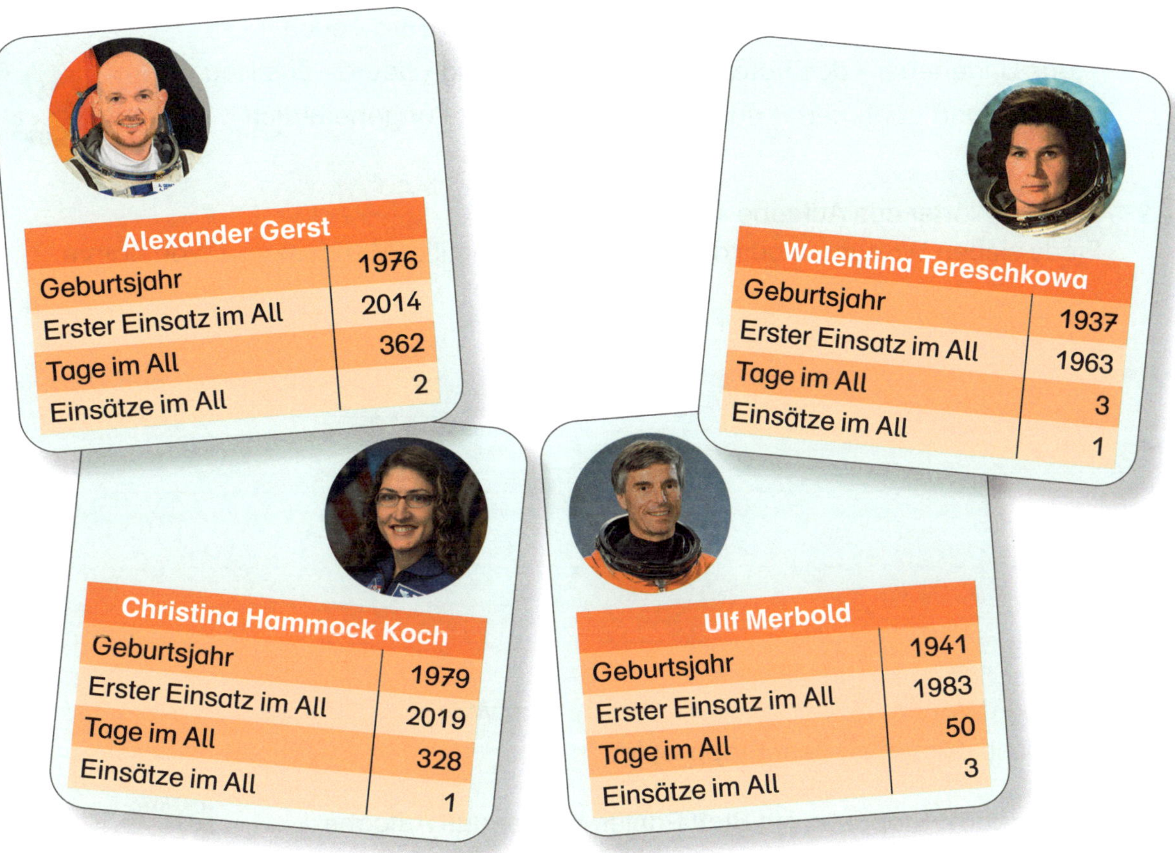

Alexander Gerst	
Geburtsjahr	1976
Erster Einsatz im All	2014
Tage im All	362
Einsätze im All	2

Walentina Tereschkowa	
Geburtsjahr	1937
Erster Einsatz im All	1963
Tage im All	3
Einsätze im All	1

Christina Hammock Koch	
Geburtsjahr	1979
Erster Einsatz im All	2019
Tage im All	328
Einsätze im All	1

Ulf Merbold	
Geburtsjahr	1941
Erster Einsatz im All	1983
Tage im All	50
Einsätze im All	3

2 Lies die Vergleiche. Setze die Adjektive aus dem Kasten passend ein.

älter als • so oft … wie • öfter … als • jünger als

Ulf Merbold war ______________ im All __________ Alexander Gerst.

Alexander Gerst ist __________________ Christina Hammock Koch.

Christina Hammock Koch ist __________________ Ulf Merbold.

Walentina Tereschkowa war ______________ im All __________ Christina Hammock Koch.

3 Bilde weitere Sätze zu den Quartettkarten.
Nutze die Adjektive aus dem Kasten.
Schreibe so: Alexander Gerst war später im All als …

später … als • länger … als • früher … als • seltener … als

Wörter mit Eu oder eu

1 Lies die Wörter. Markiere **Eu** oder **eu**.

die Betreuung · die Feuerwehr · die Eule · die Leute · freuen · treu
die Freude · erneuern · Europa · die Meute · der Euro · euch
das Ungeheuer · das Euter · neu · das Flugzeug · heute · das Heu
der Freund · anfeuern · das Kreuz · befreundet · ungeheuerlich

2 Lies die Wörter aus Aufgabe 1 noch einmal.
Finde sieben Wortpaare aus der gleichen Wortfamilie. Markiere den Wortstamm.

die Betreuung – treu,

____

____

____

____

3 Mit neun Wörtern aus Aufgabe 1 könnt ihr kein Wortpaar bilden.
Übt diese Wörter mit dem Stopp-Spiel.

Ihr braucht: Stoppuhr, ein Blatt Papier, Wörter aus Aufgabe 1
Anleitung:

• Stellt eine Stoppuhr auf 30 Sekunden.

• Prägt euch die Wörter ein.

• Dreht das Blatt um.

• Jedes Kind schreibt nun alle Wörter auf,
  die es sich gemerkt hat.

• Kontrolliert gegenseitig. Für jedes richtige Wort gibt es einen Punkt.

4 Finde möglichst viele Wörter mit diesen Wortstämmen. Markiere den Wortstamm.
Schlage auch in der Wörterliste oder im Wörterbuch nach.
Schreibe so: leucht: die Beleuchtung, …
            kreuz: …
            deut: …

Bilde einen Satz mit möglichst vielen Wörtern mit **Eu** oder **eu**.

1 Lies den Text.
Sprich die farbigen und die **fett** gedruckten Wörter besonders deutlich.

In sternklaren **Nächten** lohnt es sich,
in den Himmel zu gucken. Hoch oben
sehen wir ein **Funkeln** und Flimmern.
Dabei besitzen Sterne im Weltall ein

5 ruhiges Licht. Unsere Erde umgibt aber
eine Hülle aus Luft. Diese Luft bewegt
das **Sternenlicht** auf dem Weg zu uns.
Es flackert hin und her.
Dadurch sieht es aus, als ob Sterne glitzern.

10 **Manchmal** erblicken unsere Augen einen Stern, der schon
erloschen ist. Der ferne Gasball hat längst aufgehört zu brennen.
Da seine **Lichtstrahlen** aber mehrere **hundert** Jahre zu uns unterwegs sind,
treffen sie erst auf die Erde, wenn es den Stern schon gar nicht mehr gibt.
Beim Malen nach Zahlen müssen wir Punkte **miteinander** verbinden.

15 Das klappt auch im Gewimmel von Sternen.
So entstehen Umrisse von Bildern. 88 solcher **Sternbilder** gibt es heute.
Schauen wir nach oben, dann entdecken wir einige nur schwer oder selten.
Den großen Wagen können wir das ganze **Jahr** über erkennen.
Manchmal ist er jedoch hinter den Wolken versteckt.

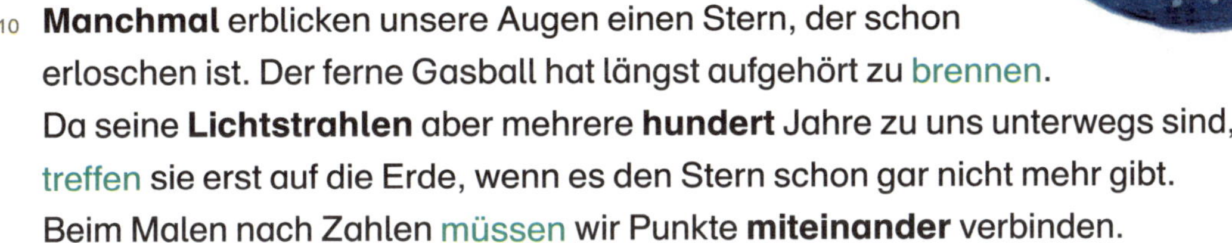

2 Schreibe alle **fett** gedruckten Wörter aus dem Text untereinander auf.
Sprich sie deutlich in Silben und trenne sie.

Nächten: Näch - ten,

3 Schreibe alle farbigen Wörter aus dem Text untereinander auf. Sprich sie deutlich in Silben und trenne sie. Markiere die doppelten Mitlaute und **tz**.

Himmel: Him-mel,

4 Finde im Text fünf Wörter mit **ck** und markiere sie. Schreibe sie auf.
Sprich die Wörter deutlich in Silben und trenne sie. Markiere **ck**.

gucken: gu-cken,

Verwandte Wörter finden

Gehört zu? 

Verwandte Wörter finden
Gehört zu?
Berg ←_g_→ Berge   schreibt ←_b_→ schreiben
Sand ←_d_→ sandig   Wälder ←_ä_→ Wald
geht ←_h_→ gehen   läuft ←_äu_→ laufen

1 Ordne das verwandte Wort zu. Markiere verwandte Wörter in der gleichen Farbe.

| Bälle | Licht | Bäume | gelb | Werk | typisch | Kind | sieht |

| Lichter | gelbe | Ball | Typ | Baum | Handwerkerin | sehen | Kinder |

2 Streiche den falschen Buchstaben durch und schreibe das Wort richtig auf.

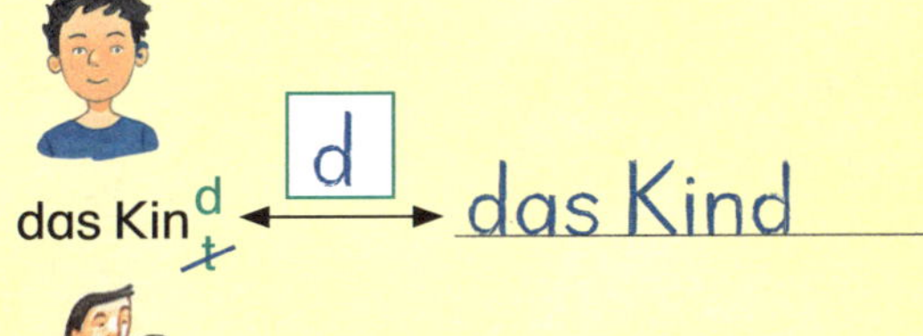

das Kin _d_/_t_ ←[d]→ das Kind

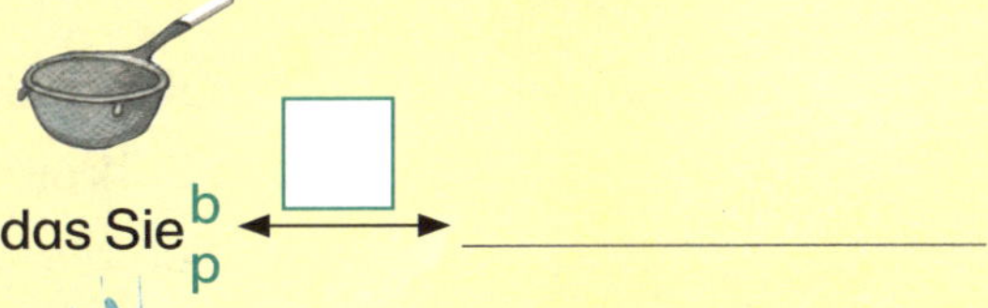

das Sie _b_/_p_ ←☐→ ______

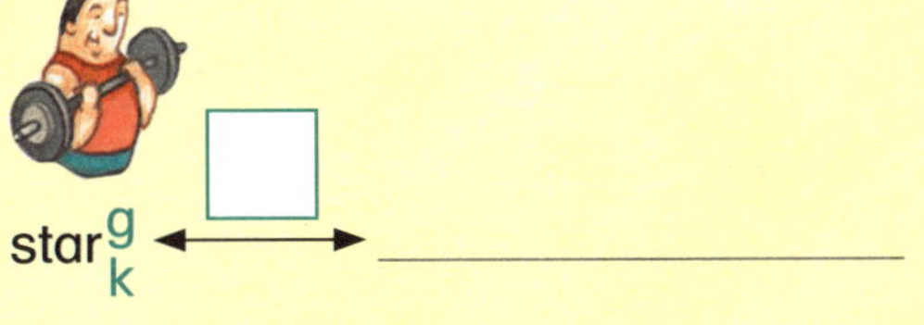

star _g_/_k_ ←☐→ ______

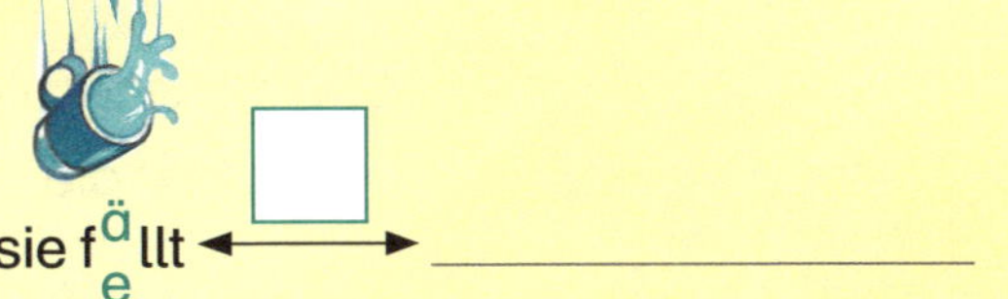

sie f _ä_/_e_ llt ←☐→ ______

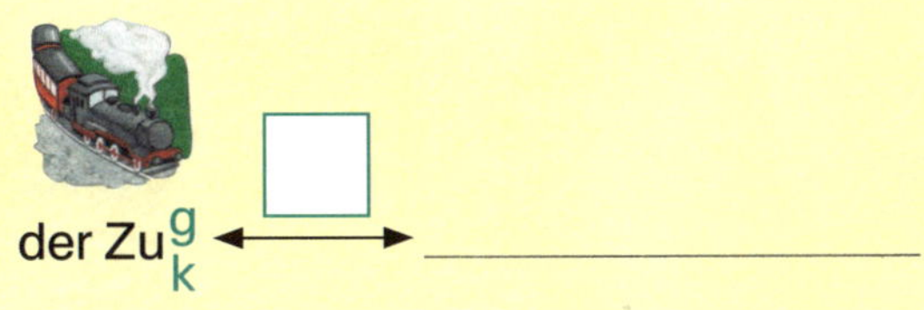

der Zu _g_/_k_ ←☐→ ______

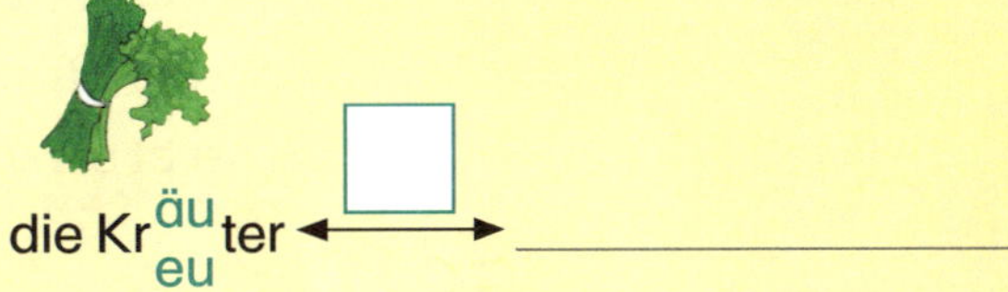

die Kr _äu_/_eu_ ter ←☐→ ______

3 Diese Wörter helfen sich gegenseitig. Warum ist das so?
Tauscht euch aus. Begründet.

der Wald ←——→ die Wälder   die Nähe ←——→ nah

die Wälder ←——→ der Wald   nah ←——→ die Nähe

4 Findet weitere Beispiele für Wörter, die sich gegenseitig helfen.

____

____

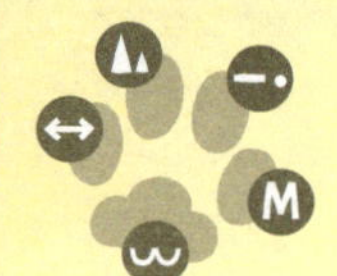

STARK: Alle Strategien anwenden

1 Lies den Text zweimal. Sieh dir beim zweiten Mal
die farbigen Wörter ganz genau an.

Die Erde ist eine flache Scheibe und rund wie ein Teller. Am Rand geht es nicht
mehr weiter. So dachten die Menschen vor vielen Tausend Jahren. Heute ist
erwiesen, dass die Erde einer Kugel ähnelt. Ein Mann namens Ptolemäus fand
dies bereits vor mehr als 2 000 Jahren durch Beobachtungen heraus.
Dank Nikolaus Kopernikus wissen wir, dass sich unsere Erde auf einer Bahn um
die Sonne herum bewegt. Dadurch gibt es bei uns vier Jahreszeiten. Um die eigene
Achse dreht sich die Erde auch. So entsteht der Tag und auch die Nacht.

 **2** Schreibt jedes farbige Wort aus dem Text auf eine Karte.

 **3** Führt ein Rechtschreibgespräch zu jedem Wort.

Rechtschreibgespräch

1. An welcher Stelle könntet ihr
   beim Schreiben unsicher sein?
   Markiert diese Stelle.

2. Welche Strategie hilft euch? Begründet.
   Ergänzt die Strategie auf der Karte.

3. Findet drei weitere Wörter, bei denen
   euch die Strategie auch hilft.
   Schreibt sie auf die Rückseite der Karte.

4 Wähle drei Wörter aus, die du besonders schwer findest.
Schreibe mit jedem Wort einen Satz.

____

____

____

____

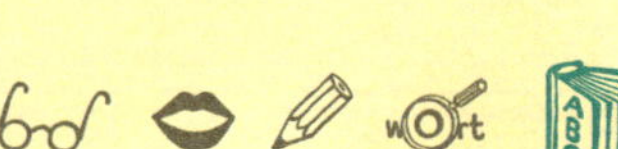

Das kann ich schon

Jonas und sein Freund Jan wollen nächste Woche einen Vortrag über den Mond halten. Deshalb gehen sie heute zusammen zur Bücherei. Dort gucken sie nach passenden Büchern. Am Nachmittag arbeiten sie bei Jan weiter. Zuerst wollen die Jungen wissen, ob der Mond von alleine leuchtet. Sie blättern neugierig in ihren Büchern und entdecken einige Informationen. Jan macht einen Vorschlag: „Lass uns auch das Internet nutzen, vielleicht finden wir dort noch etwas Neues." Am Computer von Jans Papa geben sie das Stichwort Mond in eine Suchmaschine für Kinder ein. Jonas findet ein tolles Bild. Abends sind sie endlich fertig.

Übungswörter

der Freund
die Information
der Mond
der Nachmittag
die Suchmaschine
der Vorschlag
    gehen
    gucken
er leuchtet
    leuchten
    nutzen
    wollen
    fertig
    neugierig
    toll

Mit Adjektiven vergleichen: als und wie

1 Lies die Vergleiche. Setze Adjektive aus dem Kasten passend ein.

älter als • so schön wie • weniger als • schneller als
schlechter als • so gut wie • so alt wie • besser als
mehr als • so schlecht wie • so viel wie • langsamer als
schöner als • so schnell wie

deshalb
nächste
ob
zusammen

Meine Oma ist __älter als__________ ich.

Tom ist ____________________ seine Freundin Azra.

Geparden sind ____________________ Löwen.

In Deutsch bin ich ____________________ in Mathe.

Ich finde Rosen ____________________ Nelken.

Kartoffeln schmecken mir ____________________ Reis.

Beim Mittagessen isst Lena ____________________ ihr Papa.

Wörter mit Eu oder eu

2 Lies die Wörter. Verbinde Wortpaare aus der gleichen Wortfamilie.
Schreibe sie auf. Markiere den Wortstamm.

| überzeugen | beleuchten | ankreuzen | erfreut | die Bedeutung | Deutschland | heulen |

| die Kreuzung | deutsch | deutlich | das Zeugnis | das Geheule | leuchtend | erfreulich |

überzeugen – das Zeugnis, _______________________

____

____

____

3 Finde möglichst viele Wörter mit diesen Wortstämmen.
Markiere den Wortstamm.

feuer: _______________________

____

freund: _______________________

____

neu: _______________________

____

freu: _______________________

____

Wörter trennen

4 Schreibe die Wörter aus dem Kasten auf.
Sprich sie deutlich in Silben und trenne sie.

> Regenbogen · Knobelwörter · Elefantengehege
> Zaubersprüche · Lesezeichen · Herzenswunsch

Regenbogen: Re-

5 Schreibe die Wörter aus dem Kasten auf.
Sprich sie deutlich in Silben und trenne sie.
Markiere die doppelten Mitlaute, **tz** und **ck**.

> stellen · können · gucken · benutzen · wollen · essen
> besitzen · verletzen · bitten · schaffen · verstecken · pflücken

stellen: stel-len,

Diese Seite fand ich:
○ leicht   ○ mittel   ○ schwer

 **6** Schreibe die Verben im Kasten in allen Personalformen im Präsens auf.

kommen • packen • gehen • zeichnen

kommen: ich komme, du

packen:

gehen:

zeichnen:

  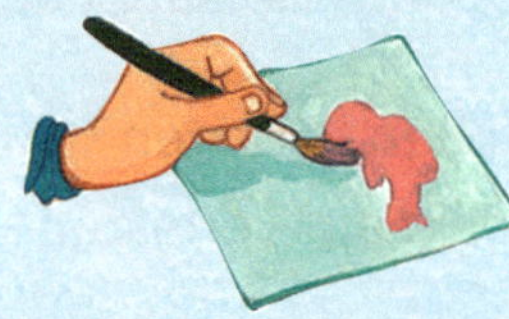

  **Alle Strategien üben**

Markiere die Fehlerwörter. Schreibe die passenden Strategiezeichen darüber.

der Planet Wenus ist der Erde am nechsten.

In klaren Nächten kann man ihn gut am Himel erkennen. (4)

Schreibe nun beide Sätze richtig auf.

Diese Seite fand ich:
○ leicht ○ mittel ○ schwer

Drachen

spucken

● Drache

● Kralle

schrecklich

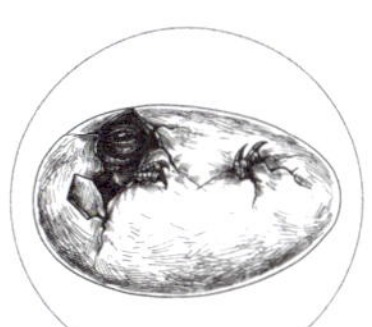

schlüpfen

● Echse

● Ritter

zackig

fauchen

● Feuer

● Ungeheuer

schuppig

angreifen

Übe die Wörter auf der Rückseite.

magisch

Alles richtig?

Hier schreibe ich Wörter, Texte, Ideen und Fragen zum Bild auf.

Eine Erklärung und eine Fantasiegeschichte lesen

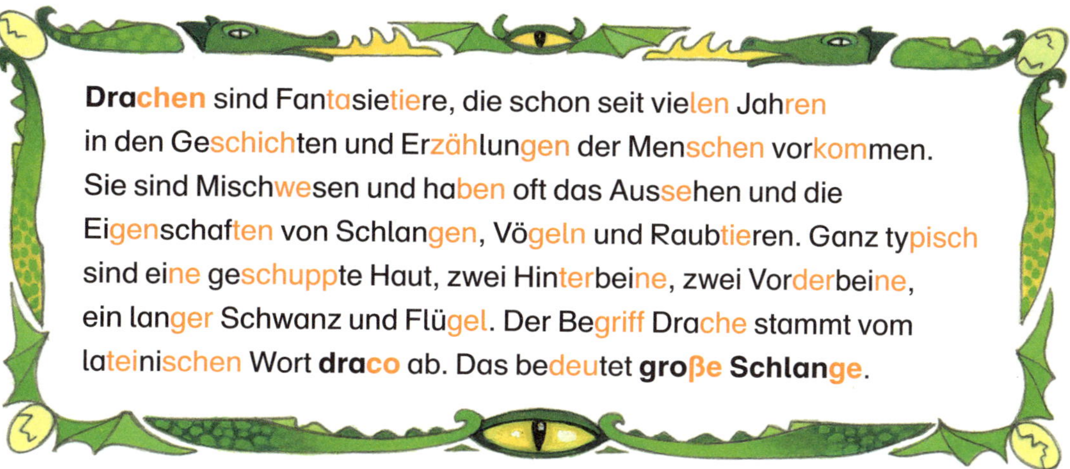

Drachen sind Fantasietiere, die schon seit vielen Jahren in den Geschichten und Erzählungen der Menschen vorkommen. Sie sind Mischwesen und haben oft das Aussehen und die Eigenschaften von Schlangen, Vögeln und Raubtieren. Ganz typisch sind eine geschuppte Haut, zwei Hinterbeine, zwei Vorderbeine, ein langer Schwanz und Flügel. Der Begriff Drache stammt vom lateinischen Wort **draco** ab. Das bedeutet **große Schlange**.

Das Drachenei

Als Harry Potter, Ron und Hermine vor der Hütte des Wildhüters Hagrid standen und an die Tür klopften, bemerkten sie überrascht, dass alle Vorhänge zugezogen waren. Hagrid rief: „Wer da?", bevor er sie einließ und rasch die Tür hinter ihnen schloss. Drinnen war es unerträglich heiß. Obwohl es draußen warm war, loderte ein Feuer im Kamin. Hagrid machte ihnen Tee.

„Hagrid, könnten wir ein Fenster aufmachen? Ich komme um vor Hitze."

„Geht nicht, Harry, tut mir leid", sagte Hagrid. Harry sah, wie er einen Blick zum Feuer warf. Auch Harry sah hinüber. „Hagrid – was ist das denn?" Doch er wusste schon, was es war. Unter dem Kessel, im Herzen des Feuers, lag ein riesiges schwarzes Drachenei.

Joanne K. Rowling ◇

Ein Kinderbuch lesen

Das Drachenbaby

*Einige Tage später brachte die Schneeeule Hedwig einen Zettel von Hagrid
zu Harry. Darauf standen nur zwei Worte: Er schlüpft.
Am Ende der Kräuterkunde-Stunde rannten Ron, Hermine und Harry
zum Waldrand. Hagrid begrüßte sie mit vor Aufregung rotem Gesicht.*
5 *Er schob sie in die Hütte.*

„Es ist schon fast raus.“
Das Ei lag auf dem Tisch. Es hatte tiefe Risse.
Etwas in seinem Inneren bewegte sich; ein merkwürdiges Knacken
war zu hören. Sie stellten ihre Stühle um den Tisch herum und sahen
10 mit angehaltenem Atem zu. Mit einem plötzlichen lauten Kratzen riss das Ei auf.
Das Drachenbaby plumpste auf den Tisch. Es war nicht gerade hübsch;
Harry kam es vor wie ein verschrumpelter schwarzer Schirm.
Seine knochigen Flügel waren riesig im Vergleich zu seinem dünnhäutigen
rabenschwarzen Körper, es hatte eine lange Schnauze mit weit geöffneten
15 Nüstern, kleine Hornstummel und hervorquellende orangerote Augen.
Es nieste. Aus seiner Schnauze flogen ein paar Funken.
„Ist es nicht schön?“, murmelte Hagrid.
Er streckte die Hand aus, um den Kopf des Drachenbabys zu streicheln.
Es schnappte nach seinen Fingern und zeigte dabei seine spitzen Fangzähne.
20 Mit einem Mal wich die Farbe aus Hagrids Gesicht – er sprang auf
und rannte ans Fenster.
„Was ist los?“
„Jemand hat durch den Spalt in den Vorhängen reingeschaut, ein Junge,
er rennt zurück zur Schule.“
25 Harry sprang zur Tür und sah hinaus. Selbst auf diese Entfernung gab es
keinen Zweifel, wer es war.
Malfoy hatte den Drachen gesehen.

Joanne K. Rowling 

Geschichten von Harry Potter
habe ich …

☐ selber gelesen.	☐ als Film gesehen.	☐ noch gar nicht gekannt.
☐ als Hörbuch gehört.	☐ als Spiel gespielt.	☐ ________________
☐ vorgelesen bekommen.	☐ als Theaterstück gesehen.	________________

Fragen zu einem Text überlegen

1 Lies die Überschrift. Sieh dir das Cover auf Seite 70 an.
Worum geht es in diesem Text wohl?

____

____

____

2 Lies den Text. **Oder:** Lass dir den Text vorlesen.
Markiere unbekannte Wörter und kläre sie.

Der Sturm

*Der Silberdrache Lung, das Koboldmädchen Schwefelfell und Ben, der Drachenreiter,
sind unterwegs zum Drachenparadies „Saum des Himmels". Sie hoffen, dort in den Bergen
des Himalaja eine Heimat für die Drachen zu finden.*

Als die Morgendämmerung kam, fanden
5 sie einen Rastplatz in der Nähe der
griechischen Küste, in einem Olivenhain.
Sie verschliefen den Tag zwischen
zirpenden Zikaden und brachen wieder auf,
als der Mond aufging. Lung wandte sich
10 nach Südosten, der syrischen Küste zu.
Die Nacht war mild und ein heißer Wind
strich von Süden übers Meer.
Aber noch vor der Morgendämmerung
schlug das Wetter um. Der Wind, der ihnen
15 schon die ganze Zeit entgegenblies,
wurde stärker und stärker. Lung versuchte
ihm auszuweichen. Er stieg mal höher und
ließ sich dann wieder tiefer sinken, aber
der Wind war überall. Immer mühsamer
20 kam der Drache voran. Wolken türmten sich
wie Himmelsgebirge vor ihnen auf. Donner
grollte. Blitze erhellten den immer noch
dunklen Himmel.
„Wir kommen vom Kurs ab, Lung!", rief
25 Ben. „Der Wind treibt dich nach Süden!"
„Ich komme nicht gegen ihn an!", rief
der Drache zurück. Mit all seiner Kraft

stemmte er sich gegen den unsichtbaren
Feind. Doch der Wind riss ihn mit sich,
30 heulte ihm in die Ohren und drückte ihn
hinunter, auf die schäumenden Wellen zu.
Ben und Schwefelfell klammerten sich
verzweifelt an Lungs Zacken.
Zum Glück hatte auch Schwefelfell sich
35 festgebunden. Ohne die Riemen wären sie
von Lungs Rücken gerutscht und in die
Tiefe gestürzt. Regen peitschte aus den
Wolkenbergen auf sie herab.
Bald waren die Zacken des Drachen so
40 glitschig, dass ihre Hände nirgendwo mehr
Halt fanden und Schwefelfell sich an Bens
Rücken klammerte.
Unter ihnen schäumte das Meer.
Ein paar Inseln lagen zwischen den
45 Wellen, sonst war kein Land in Sicht.
„Ich glaub, wir treiben auf die ägyptische
Küste zu!", schrie Ben.

Der Text geht auf der
nächsten Seite weiter.

Schwefelfell klammerte sich noch fester an
ihn. „Küste?", rief sie. „Küste ist gut, egal
50 welche. Hauptsache, wir landen nicht in der
Suppe da unten."
Die Sonne ging auf, aber sie war nur
ein blasses Licht hinter den dunklen
Wolken. Lung kämpfte. Der Sturm drückte
55 ihn immer wieder auf die Wellen zu, so tief,
dass die Gischt Ben und Schwefelfell ins
Gesicht spritzte.
Bens Haar war klitschnass. Seine Ohren
schmerzten vom Gebrüll des Sturms.
60 Er sah, dass Lung die Flügel immer
schwerer wurden.
Dann tauchte plötzlich ein Küstenstreifen
aus dem Dunst auf.
„Da!", schrie Ben. „Da vorne ist Land,
65 Lung. Schaffst du es dahin?"

Mit letzter Kraft stemmte der Drache sich
gegen den Wind und näherte sich langsam,
ganz langsam dem rettenden Ufer.
Unter ihnen peitschte das Meer gegen
70 niedrige Klippen. Palmen bogen sich
im Wind.
„Wir schaffen es!", schrie Schwefelfell und
bohrte ihre kleinen Krallen durch Bens
Pullover. „Wir schaffen es!"
75 Mit ein paar letzten Flügelschlägen ließ
der Drache das Meer hinter sich, sank tiefer
und landete erschöpft in feinem, weichem
Sand.

Cornelia Funke ◈

 **3** Beantworte die W-Fragen.
Markiere die Antworten mit
verschiedenen Farben im Text.
• **Wie** heißt der Drachenreiter?
• **Wo** fanden Lung, Ben und Schwefelfell
einen Rastplatz?

4 Überlege dir drei eigene W-Fragen zum Text.
Schreibe dir auch die Antworten dazu auf.

1. Frage: _______________________________________

Antwort: _______________________________________

2. Frage: _______________________________________

Antwort: _______________________________________

3. Frage: _______________________________________

Antwort: _______________________________________

5 Beantwortet gegenseitig eure W-Fragen.

Eine Sage kennenlernen

1 Sieh dir die Karte an. In welchem Land liegen die Orte auf der Karte?

☐ Schweden ☐ Deutschland ☐ Österreich

2 Lest die Sage. Klärt die Bedeutung der farbigen Wörter.

Siegfried, der Drachentöter

Ein Königssohn hatte den Namen Siegfried.
Er lebte vor vielen Jahren in Xanten.
Eines Tages machte Siegfried sich auf,
die Welt zu erkunden.

5 Er wanderte zum Rhein und kam am
Fuße des Siebengebirges zu dem
Waffenschmied Mime, bei dem er das
Schmiedehandwerk erlernen wollte.
Doch Siegfried war als Schmied nicht zu

10 gebrauchen. Er ließ den Hammer mit
solcher Wucht auf das glühende Eisen
niedersausen, dass der Amboss tief in
den Boden sank. Mime überlegte,
wie er Siegfried wieder loswerden könnte.

15 Er schickte ihn tief in den Wald, um
Holzkohle zu brennen. Dort hauste jedoch
ein furchtbarer Drache. Siegfried fällte
Bäume und schichtete das Holz zu einem
Meiler auf. Da ging der Lindwurm mit

20 offenem Rachen auf ihn los. Siegfried riss
einen glühenden Baumstamm aus dem
Kohlenmeiler und stieß ihn dem Drachen
ins Maul. Der wälzte sich am Boden und
versuchte, Siegfried mit dem Schwanz zu

25 treffen.

Aber der wich ihm geschickt aus. Dabei
stürzte der Lindwurm ins Feuer und
verbrannte. Seine Schuppenhaut aus Horn
schmolz in der Hitze und floss über

30 den Boden. Siegfried hörte einen kleinen
Vogel singen: „Bade in dem flüssigen
Horn. Dann wirst du unverwundbar sein."
Siegfried folgte diesem Rat. Seine Haut
wurde undurchdringlich wie ein Drachen-

35 panzer. Doch an seiner rechten Schulter
klebte ein Lindenblatt, das vom Baum
gefallen war. So blieb diese Stelle
ungeschützt. Der Ort, an dem Siegfried
den Drachen besiegte, heißt bis auf den

40 heutigen Tag Drachenfels.

überliefert

3 Welche Ortsnamen von der Karte findet ihr im Text?
Schreibt sie mit Zeilenangabe auf.

Xanten Z. 2,

Bringt weitere Sagen mit und lest sie in der Klasse.

Über eine Sage sprechen

 **1** Lies die Karten. Wähle drei Karten aus und kreuze sie an.
Erkläre diese Karten einem Partnerkind.

Merkmale einer Sage

- [ ] Erzählung
- [ ] mündlich überliefert
- [ ] wahrer Kern
- [ ] alte Wörter
- [ ] Kampf
- [ ] erzählt aus der Vergangenheit
- [ ] Held/Heldengruppe
- [ ] Orte, Menschen oder Ereignisse hat es oft wirklich gegeben
- [ ] Fantasiewesen: Geister, Feen, Drachen, Riesen, Zwerge
- [ ] es passieren unerklärliche Dinge

 **2** Untersucht die Sage „Siegfried, der Drachentöter" von Seite 71 mithilfe der Karten.
Welche Merkmale findet ihr dort wieder? Tauscht euch aus.

3 Lest die Begriffe. Überlegt gemeinsam: Welche Begriffe passen gut zu einer Sage?
Markiert sie.

langweilig   lustig   sachlich   alt

informativ   ausgedacht   spannend

4 Vergleicht die Textsorten **Sage** und **Märchen**.
Was ist gleich? Was ist anders?

____

____

____

 Untersucht weitere Sagen. Nutzt dazu die Karten.
Oder: Findet heraus, ob es Sagen aus eurer Umgebung gibt.

Eine Geschichte aufbauen

 **1** Seht euch den Geschichtendrachen an. Wie könnt ihr eine Geschichte aufbauen?

2 Schreibe die Tipps zum Aufbau einer Geschichte aus dem Geschichtendrachen geordnet auf.

Einleitung: ____

____

Hauptteil: ____

____

____

Schluss: ____

____

3 Lies die Sätze. Ordne sie einer passenden Stelle im Geschichtendrachen zu.

A Ritter Wilbert ritt an einem sonnigen Tag frohen Mutes durch den Wald.

B „Hallo! Ist da jemand?", schluchzte der kleine Drache in die Dunkelheit hinein.

C Und so kam es, dass alle auf der Burg eintrafen und gemeinsam ein großes Fest feierten.

D Erstaunt blickte er auf das Drachenei vor sich und rief: „Da kommen Geräusche heraus!"

E Doch dann erwachte Lukas und merkte, dass alles nur ein Traum war.

F Vor vielen Tausend Jahren lebte im Steintal des Zauberlandes eine ganz besondere Drachenfamilie.

Einleitung: _______________ Hauptteil: _______________ Schluss: _______________

 **4** An welche Stellen im Geschichtendrachen passen diese Sätze? Begründe.

1 Knall! Es rumste und zischte und plötzlich stand er da.

2 Tja, dann musste es wohl ein Geheimnis bleiben.

3 Ich erinnere mich: Alles begann mit der Frage, warum wir überhaupt hierhergekommen waren.

Lies den ersten und den letzten Satz in verschiedenen Drachenbüchern.
Wie beginnen und beenden die Autorinnen und Autoren ihre Geschichten?
Welche Sätze gefallen dir besonders gut?

Eine Fantasiegeschichte schreiben

1 Sieh dir die Geschichtenschachteln an. Wähle eine Schachtel aus.
Oder: Erstelle eine eigene Geschichtenschachtel zum Thema **Drachen**.

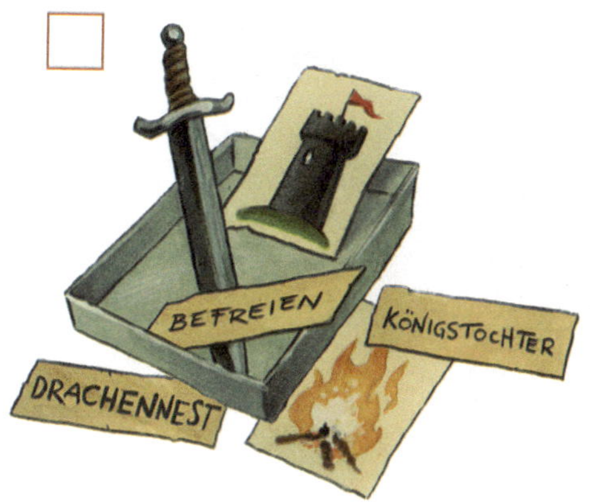

Hier kannst du ein Foto von deiner Geschichtenschachtel aufkleben:

2 Überlege dir zu deiner Schachtel eine Drachengeschichte. Schreibe weitere Wortkarten, die zu deiner Geschichte passen. Alle Gegenstände und Wortkarten aus der Schachtel sollen in deiner Geschichte vorkommen.

 **3** Schreibe deine Drachengeschichte auf. Nutze dazu die Gegenstände und Wortkarten aus Aufgabe 2 und die Hinweise am roten Faden. Achte besonders auf einen spannenden Höhepunkt.

Einleitung
Wer?
Wann?
Wo?
Überraschung?

Hauptteil
Was passierte?
Schreibe im Präteritum.
Schreibe spannend, ausführlich, lebendig und genau.
Finde einen **Höhepunkt**. Die Spannung ist jetzt am höchsten. Etwas wendet sich in der Geschichte. Die Lösung naht.

Schluss
Gutes Ende?
Böses Ende?
Offenes Ende?

 **4** Überarbeite deine Geschichte in einer Schreibkonferenz.

 Diese Kinder arbeiten mit mir: _______________________

Nehmt eure Drachengeschichten als Hörbuch auf.

Adjektive mit ig, lich, isch

1 Lies den Text. Schreibe die farbigen Adjektive mit **ig**, **lich** und **isch**
untereinander auf.

Es war stürmisch und regnerisch, als
Perlenfischer 1912 wegen des schlechten
Wetters auf der Insel Komodo an Land gehen
mussten. Dort bekamen sie tatsächlich einen
5 Komodowaran zu Gesicht.
Der Komodowaran galt lange als Fabelwesen.
Er kommt nur auf sechs Inseln in Indonesien vor.
Die Echsen sind riesig und tagaktiv.
Komodowarane, die männlich sind, werden bis
10 zu drei Meter lang.
Nachts verkriechen sie sich in ihren Höhlen. Komodowarane fressen vor allem Aas.
Sie jagen aber auch lebende Tiere, wenn sie hungrig sind. Sie können sogar Hirschen und
Wildschweinen gefährlich werden. Ihr Biss ist tödlich. Die Keime im Speichel sind giftig.
Sie lösen Infektionen aus, an denen die Beutetiere sterben. Die Komodowarane riechen mit
15 der Zunge. Aasgeruch können sie aus einer Entfernung von vielen Kilometern wahrnehmen.
Übrigens: Der Komodowaran heißt auf Englisch **komodo dragon** (= Komodo-Drache).

stürmisch – der Sturm

2 Verwandle die Adjektive aus Aufgabe 1 in Nomen.
Schreibe jedes Nomen hinter das Adjektiv.

3 Verwandle die Nomen aus dem Kasten in Adjektive.
Ordne sie in eine Tabelle.

-ig	-lich	-isch
mächtig	...	...

Macht · Schreck · Typ · Himmel · Ecke · Angst
Lust · Vorsicht · Natur · Ruhe · Sand · Laune

Präsens und Präteritum

1 Verbinde jedes Verb im Präsens mit dem passenden Verb im Präteritum.

Präsens   sie läuft   es geht   sie fahren   wir sollen   ich trage   du kannst   er isst

Präteritum   es ging   er aß   wir sollten   ich trug   sie lief   du konntest   sie fuhren

2 Lies den Text. Schreibe ihn in der Vergangenheit auf.
Setze dazu die farbigen Verben ins Präteritum.

Die Klasse 4c macht einen Ausflug. Alle Kinder wollen zusammen in einem Drachenboot fahren. Zu Fuß wandern die Kinder zum Kanal. Dort staunen sie sehr, als sie das riesige Drachenboot im Wasser erblicken. Jedes Kind bekommt ein Paddel. Zu zweit sitzen die Kinder nebeneinander. Vorne im Boot gibt ein Trommler den Takt vor. Hinten im Boot steht der Steuermann und steuert das Boot mit einem langen Ruder.

Die Klasse 4c machte ___________________________________

____

____

____

____

____

____

____

____

3 Markiere in deinem Text aus Aufgabe 2 alle Verben, die im Präteritum stehen.

4 Schreibe jeden Satz im Präsens auf.
Bilde dazu die passende Personalform des Verbs SEIN.

Die Fahrt mit dem Drachenboot SEIN richtig anstrengend.

Die Fahrt mit dem Drachenboot ist

Die Mädchen und Jungen SEIN ein klasse Team.

Am Ende SEIN jedes Kind erschöpft und glücklich

Die Lehrerin sagt: „Ihr SEIN spitze!"

Das SEIN ein echt toller Ausflug.

5 Schreibe jeden Satz aus Aufgabe 4 im Präteritum auf.
Bilde dazu die passende Personalform des Verbs SEIN.

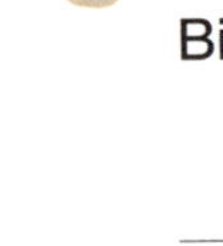

Wortstamm

1 Lies die Quatschwörter. Welcher Teil der Wörter ist immer gleich? Markiere.

Vertafflung   angetaffelt   Antaffligkeit   untaff

schrotzlich   umschrotzen   Schrotz   Anschrotzung

2 Ordne die Wörter nach ihren Wortstämmen.
Immer vier Wörter gehören zusammen. Markiere den Wortstamm.

> er fällt • schrecklich • die Druckschrift • der Einfall • erschrecken
> der Eindruck • abgenutzt • der Nutzen • abgedruckt • gefallen
> der Schreck • ausnutzen • drucken • fallen • nutzlos • erschrickt

er fällt – der Einfall –

3 Finde mindestens sieben Wörter mit dem Wortstamm **steck**.
Die Wortbausteine können dir helfen. Markiere den Wortstamm.
Schreibe so: steck: das Versteck, …

4 Findet möglichst viele Wörter mit diesen Wortstämmen. Markiert den Wortstamm.
Schreibt so: pass: aufpassen, …

pass   pack   setz   spuck   sammel

Überlegt euch einen Wortstamm, den es nicht gibt.
Findet möglichst viele Quatschwörter zu diesem Wortstamm.

Wörter mit eu oder äu 

1 Markiere die Wörter mit **eu** und **äu** in unterschiedlichen Farben.

2 Schreibe zu jedem Wort mit **eu** aus Aufgabe 1 ein Wort aus der Wortfamilie auf.

feurig – das Feuer,

3 Schreibe zu jedem Wort mit **äu** aus Aufgabe 1 ein verwandtes Wort auf.

träumerisch ⟷ äu ⟷ der Traum,

 **4** Schreibe den Text ab. Setze **eu** oder **äu** in die Lücken ein.

Ein bl___licher Drache spie F___er. Die L___te schrien vor Angst auf.
Der Drache sch___mte vor Wut und h___lte laut auf. N___n mutige
Fr___nde erhoben die F___ste und str___ten dem Drachen Sand
in die Augen. So vertrieben sie das Ungeh___er. Da war die Fr___de groß!

 **5** Was fällt euch bei diesen Wortpaaren auf?
Tauscht euch aus.

die Leute – läuten   heute – die Häute

 Stellt eine Stoppuhr auf drei Minuten. Jeder schreibt möglichst
viele Wörter mit **eu** auf. Wer findet die meisten Wörter?

Wörter in Silben gliedern und abhören

Hör genau! 

Wörter in Silben gliedern und abhören
Hör genau!

Schu le   lau fen   lang sam   Schwes ter   schlei chen

1   Lies die Sätze. Flüstere die farbigen Wörter besonders deutlich.

Der Tag nach Montag ist Dienstag.
Auf einem Trampolin kann man hoch springen.
Beim Sport muss man sich oft anstrengen.
Wenn der Wecker klingelt, sollst du aufwachen.
Nach der Schule sind wir oft hungrig.
Wenn es heiß ist, müssen wir viel trinken.
Auf vielen Spielplätzen steht eine Rutsche.

2   Schreibe die farbigen Wörter aus Aufgabe 1 in Silben getrennt auf.

Diens-tag,

3   Sprich die Wörter im Kasten deutlich und hör genau.
Markiere alle Wörter mit drei Silben.

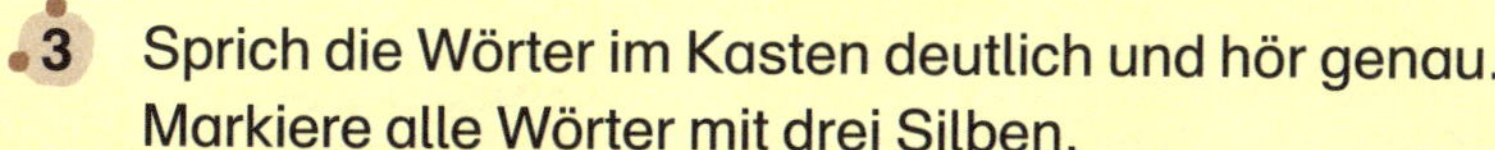

langsamer · Begegnung · Wellenrutsche · Detektiv · schmutzig
Krepppapier · geschehen · Computer · Schifffahrt · nirgendwo
singen · außerdem · chinesisch · Schlusssirene · aufwachen

4   Für **Hör genau!**- Experten: Schreibe diese Wörter in Silben getrennt auf.
Kontrolliere mit der Wörterliste.

hinein · letzte · herein · nächste · heraus · bisschen · erstens

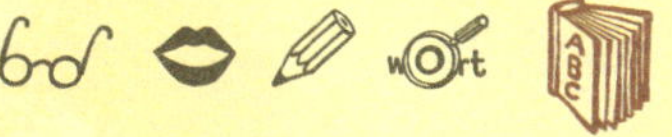

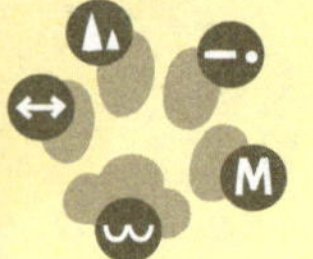

STARK: Alle Strategien anwenden

1 Lies den Text zweimal. Sieh dir beim zweiten Mal
die farbigen Wörter ganz genau an.

> In China ist der Drache ein besonderes Symbol.
> Der Drache gilt dort nicht als Ungeheuer. Er steht für Reichtum,
> Glück und Intelligenz.
> Alle zwölf Jahre ist im chinesischen Kalender das Jahr des
> Drachen. Wer in einem solchen Jahr geboren wird, gilt als
> besonders glücklich und erfolgreich. Zu jedem Neujahrsfest
> gehören in China Drachentänze. Sie werden in bunten
> Kostümen auf Straßen und Plätzen aufgeführt.

2 Schreibt jedes farbige Wort aus dem Text auf ein Karte.

3 Führt ein Rechtschreibgespräch zu jedem Wort.

Rechtschreibgespräch

1. An welcher Stelle könntet ihr
   beim Schreiben unsicher sein?
   Markiert diese Stelle.

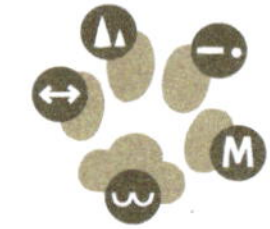

2. Welche Strategie hilft euch? Begründet.
   Ergänzt die Strategie auf der Karte.

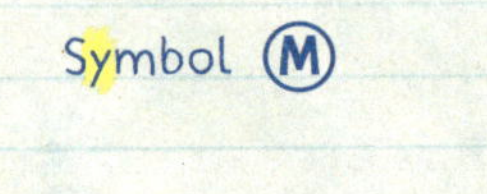

3. Findet drei weitere Wörter, bei denen
   euch die Strategie auch hilft.
   Schreibt sie auf die Rückseite der Karte.

4 Wähle drei Wörter aus, die du besonders schwer findest.
Schreibe mit jedem Wort einen Satz.

____

____

____

____

Das kann ich schon

Zwischen den Sträuchern liegt ein Drachenei. Tiefe Risse sind in der schwarzen Schale. Darunter bewegt sich undeutlich etwas. Es knackt merkwürdig. Plötzlich platzt die Schale auf. Das Drachenbaby liegt hilflos im Sand. Es hat eine lange Schnauze, zwei kleine Beulen als Hörner und bläuliche Augen. Es niest. Ein paar Feuerfunken fliegen. Die feuchten Flügel sind riesig im Vergleich zum Körper. Das Drachenbaby streckt sich. Aber die Beine knicken ein. Der Drache fällt um. Er keucht. Mit einem Ruck stemmt er sich wieder hoch. Er stützt sich kräftig mit dem Schwanz ab und steht. Der kleine Drache sieht niedlich aus, aber gar nicht gefährlich.

Wörter mit eu oder äu

Übungswörter

der Feuerfunke
der Ruck
der Vergleich
er keucht
keuchen
es streckt sich
sich strecken
er stützt sich ab
sich abstützen
bläulich
feucht
kräftig
niedlich
riesig
undeutlich

darunter
etwas
zwischen

 **1** Lies die Sätze. Setze **eu** oder **äu** in die Lücken ein.

Am Himmel fliegt ein Flugz eu g.

Ich habe am Kopf eine große B____le.

Das Gegenteil von trocken ist nass oder f____cht.

Ich versuche, die anderen von meiner Meinung

zu überz____gen.

Ein anderes Wort für Haus ist Geb____de.

Zweiundsiebzig geteilt durch acht sind n____n.

Im Urlaub erlebten wir ein spannendes Abent____er.

Hotzenplotz war ein R____ber.

Am Ende des Schuljahres bekommen wir Z____gnisse.

Meine Hände kann ich zu F____sten ballen.

Wenn es brennt, kommt schnell die F____erwehr.

Im Geschäft bedient mich oft eine Verk____ferin.

Manchmal bin ich sehr gespannt und n____gierig.

Diese Seite fand ich:
○ leicht   ○ mittel   ○ schwer

2 Verbinde jedes Verb im Präsens mit dem passenden Verb im Präteritum.

Präsens	Präteritum
ich springe	ich rief
es frisst	du musstest
wir ziehen	es fraß
du musst	ich sprang
wir wollen	wir wollten
ich rufe	wir zogen

3 Lies den Text. Schreibe ihn in der Vergangenheit auf. Setze dazu die fett gedruckten Verben ins Präteritum.

Jonas und Tim **gehen** ins Kino.
Sie **sehen** den neuesten Drachenfilm.
Jonas **kauft** eine Tüte Popcorn.
Gemeinsam **setzen** sie sich in die gemütlichen Sessel.
Sie **freuen** sich sehr auf den Film.
Dann **geht** endlich das Licht aus.
Nun **hören** sie auch schon die Filmmusik
und das Drachenabenteuer **beginnt**.

Jonas und Tim gingen ins Kino.

Diese Seite fand ich:
○ leicht   ○ mittel   ○ schwer

Wortstamm

4 Ordne die Wörter nach ihren Wortstämmen. Immer vier Wörter gehören zusammen. Markiere den Wortstamm.

> verfehlt · der Zuschauer · umpflanzen · fehlen · die Bepflanzung · schaurig
> pflanzlich · fehlerlos · beschaulich · die Pflanze · der Fehler · anschauen

verfehlt – fehlen – _________________________________

____

____

5 Finde mindestens zwölf Wörter mit dem Wortstamm **stell**.
Die Wortbausteine können dir helfen. Markiere den Wortstamm.

Be	be		e
An	an		en
Um	um		t
Ge	ge		ten
Auf	auf	**stell**	ung
Aus	aus		bar

die Bestellung, _________________________________

____

____

____

____

____

____

 **6** Verwandle die Adjektive aus dem Kasten in Nomen.

freundlich • europäisch • durstig • diebisch • täglich • witzig
fettig • neidisch • stürmisch • nördlich • glücklich • italienisch
stachelig • friedlich • ruhig • vorsichtig • schrecklich

freundlich – der Freund,

____

____

____

____

____

____

____

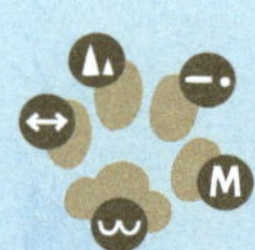 **Alle Strategien üben**

Markiere die Fehlerwörter. Schreibe die passenden Strategiezeichen darüber.

Drachen sind spanende geschöpfe.

Über sie kann man fiel endecken und erfaren. (5)

Schreibe nun beide Sätze richtig auf.

____

____

____

Diese Seite fand ich:
○ leicht ○ mittel ○ schwer

Mädchen und Jungen

mögen

● Freundschaft

● Spaß

frech

sich versöhnen

● Hobby

● Sport

enttäuscht

helfen

● Kleidung

● Streit

witzig

ärgern

Übe die Wörter auf der Rückseite.

unglücklich

Alles richtig?

Hier schreibe ich Wörter, Texte, Ideen und Fragen zum Bild auf.

Eine Aufzählung und einen Klappentext lesen

Cool ist für mich …

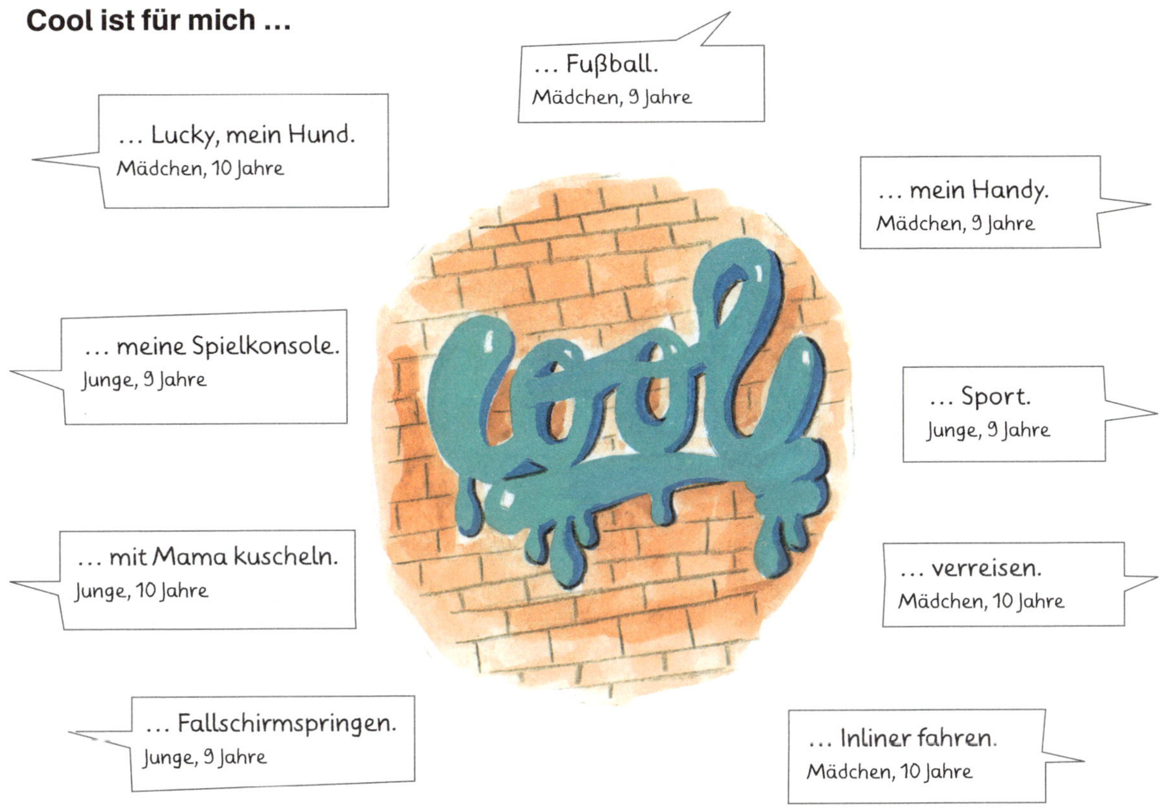

Eigentlich könnte sich die schüchterne Juli wirklich Besseres vorstellen, als sich um den neu zugezogenen Nachbarsjungen August zu kümmern. Aber Julis Mutter verdonnert sie einfach dazu – als Coach und Unternehmensberaterin weiß sie schließlich, wo es langgeht! Herausforderungen angehen, die eigenen Grenzen ausloten und so was. Tja – genau die Dinge, die Juli und August schwerfallen. Aber vielleicht lässt sich das ja ändern? Mithilfe von Mamas Job-Broschüren basteln sich die zwei einen straffen Erfolgsplan: Cool werden in 10 Tagen! So schwer kann das ja nicht sein – oder doch?

Katja Reider

____

____

____

Ein Kinderbuch lesen

Cool in 10 Tagen

*Juli und August, der sich Gus nennt, schauen sich die Broschüren etwas genauer an,
die Julis Mama für ihre Arbeit benutzt. Die Broschüre „Cool in 10 Tagen!"
klingt besonders interessant. Sie werden neugierig und Juli beginnt zu lesen.*

„Mit einigen einfachen Übungen kannst
5 du in kurzer Zeit lernen, sicher und
selbstbewusst aufzutreten und dir nicht
die Butter vom Brot nehmen zu lassen.
Wer souveräner auftreten will, muss
üben, sich in schwierigen Situationen
10 anders zu verhalten als bisher.
Denn: Ändert sich das Verhalten,
ändert sich auch deine innere Haltung.
Du wirst ganz von selbst ‚cool'."
Gus zieht eine Grimasse. „Glaubst du
15 echt, dass das funktioniert?"
„Keine Ahnung. Aber ich finde,
wir könnten es wenigstens versuchen."
Ich zögere einen Moment, aber dann
beschließe ich, ganz offen zu sein.
20 „Ich würde mich einfach gerne
ein bisschen mehr trauen. Manchmal
fühle ich mich irgendwie unsichtbar,
du nicht auch?" „Doch", gibt er zu.

Wir legen direkt los. Mit der sogenannten
25 *Einsteigerübung für mehr Selbstbewusst-
sein.*
Am Anfang sollen ein paar einfache
Körperübungen gemacht werden:
Aufstehen, gerade hinstellen, Schultern
30 straffen, Kopf hoch und den Brustkorb
nach vorne schieben.

„Nimm die Hände aus den Hosen-
taschen!", fordere ich Gus auf.
„Wieso?"
35 „Weil du dich dadurch hängen lässt.
Merkst du das nicht?"
„Klar, aber die Coolen haben doch auch
immer die Hände in den Hosentaschen!"
„Stimmt, aber die SIND ja auch schon
40 cool. Wir üben noch. Also los!"
Gus seufzt, macht aber, was ich sage.
„Und jetzt?", fragt er.
„Jetzt müssen wir uns länger in die Augen
gucken."
45 „Äh, okay – und wie lange?"
„Lange!" So lange wird es dann
doch nicht, weil es keine zehn Sekunden
dauert, bis wir beide laut losprusten.

Katja Reider

☐ nur eine Sekunde ☐ mehr als 10 Sekunden ☐ mehr als 30 Sekunden

☐ mehr als 1 Minute ☐ mehr als 5 Minuten ☐ genau ______________

Eine Szene spielen

 **1** Lies den Text.

Inger

Als Inger in unsere Klasse kam, brauchte sie genau
sechzehn Sekunden, um zur Heldin zu werden.
„Möchtest du dich nicht setzen, Inga?", fragte Herr Wirtz,
nachdem unsere neue Mitschülerin sich vorgestellt hatte.

5 Ihre Schneidezähne standen ein wenig zu weit auseinander,
genau wie ihre großen Augen.
Sie trug lange, zerlöcherte Kniestrümpfe.
„Ich heiße Inger, nicht Inga", sagte die Neue.
Wenn jemand eine Frage nicht direkt beantwortete,

10 wurde Herr Wirtz ungeduldig. Er kratzte sich dann
an der Stirn und rieb sich die Nase.
Das war kein gutes Zeichen. Wir alle wussten das.
„Nun, Inger, möchtest du dich nicht setzen?"
„Wenn Sie nichts dagegen haben", antwortete Inger

15 freundlich, „würde ich gern noch ein Weilchen stehen."
„Ich habe ganz entschieden etwas dagegen",
sagte Herr Wirtz.
Seine Stimme war sehr scharf geworden.
„Wenn Sie etwas dagegen haben", sagte Inger,

20 „warum fragen Sie dann erst so doof?"

Andreas Steinhöfel ◈

 **2** Verteilt die Rollen.

Sprecherin/Sprecher: _______________________________________

Inger: _______________________________________

Herr Wirtz: _______________________________________

 **3** Übt die Szene mehrfach. Verändert dabei die Betonung,
das Tempo, die Lautstärke. Was fällt euch auf?

 **4** Spielt euch die Szene gegenseitig vor.
Begründet, was gut gelungen ist.
Gebt euch gegenseitig Tipps, wie ihr sprechen
und spielen könnt.

 Wie könnte die Szene weitergehen? Tauscht euch aus.

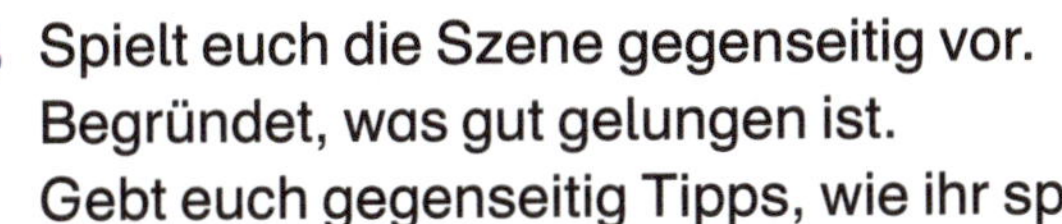

Sich über Gefühle austauschen

1 Lies den Text. Welches Problem hat der Erzähler?

☐ Der Vater ist nie zu Hause.   ☐ Der Vater beachtet ihn nicht genug.

Ich war ein Junge und Inger war ein Mädchen –
und für unsere Mitschüler war es nicht normal,
dass Mädchen und Jungen Freunde waren.
Aber Inger und ich verstanden uns super.
5 *Mit Inger konnte ich über alle meine Probleme sprechen.*

Das Problem mit meinem Vater war, dass er mich nicht
wahrnahm. Natürlich wusste er, dass ich auf der Welt
war, und er gratulierte mir auch jedes Jahr höflich
zum Geburtstag. Er sah sich meine Schulnoten an
10 und unterschrieb meine Zeugnisse. Trotzdem hatte ich
auf seltsame Weise das Gefühl, dass ich für ihn nicht
wirklich existierte. Ich erzählte Inger von meinen Sorgen.
Wir saßen am Fluss, nahe dem großen Wehr. Unsere
Füße baumelten ins Wasser, das schon recht kalt war.
15 Inger lauschte mir, nickte ab und zu und bohrte sich dabei
ununterbrochen in der Nase.
„Und deine Mama?", sagte sie schließlich.
„Die ist ganz in Ordnung", sagte ich. „Was ist mit deiner
Mutter?" „Die ist ganz tot", sagte Inger. Sie zog die Füße
20 aus dem Wasser und umfasste mit beiden Händen ihre
Knie. Eine Weile schwiegen wir. Ich versuchte, mir eine
Welt ohne Mama vorzustellen, ohne *meine* Mama.
Es funktionierte nicht.
Der Gedanke war einfach zu schrecklich.

Andreas Steinhöfel ◇

2 Wie fühlen sich die Kinder? Beschreibt.

3 Lest noch einmal den Text auf Seite 89. Wie ist Inger dort? Wie ist sie im Text
auf dieser Seite? Vergleicht. Notiert Adjektive, die Inger beschreiben.

S. 89	S. 90

4 Warum verhält sich Inger manchmal so wie im Text auf Seite 89
und manchmal so wie im Text hier?

Diagramme lesen

1 Kinder von sechs bis dreizehn Jahren wurden gefragt, für welche Themen sie sich sehr interessieren. Seht euch das Diagramm an.
Welche Interessen haben die Kinder?

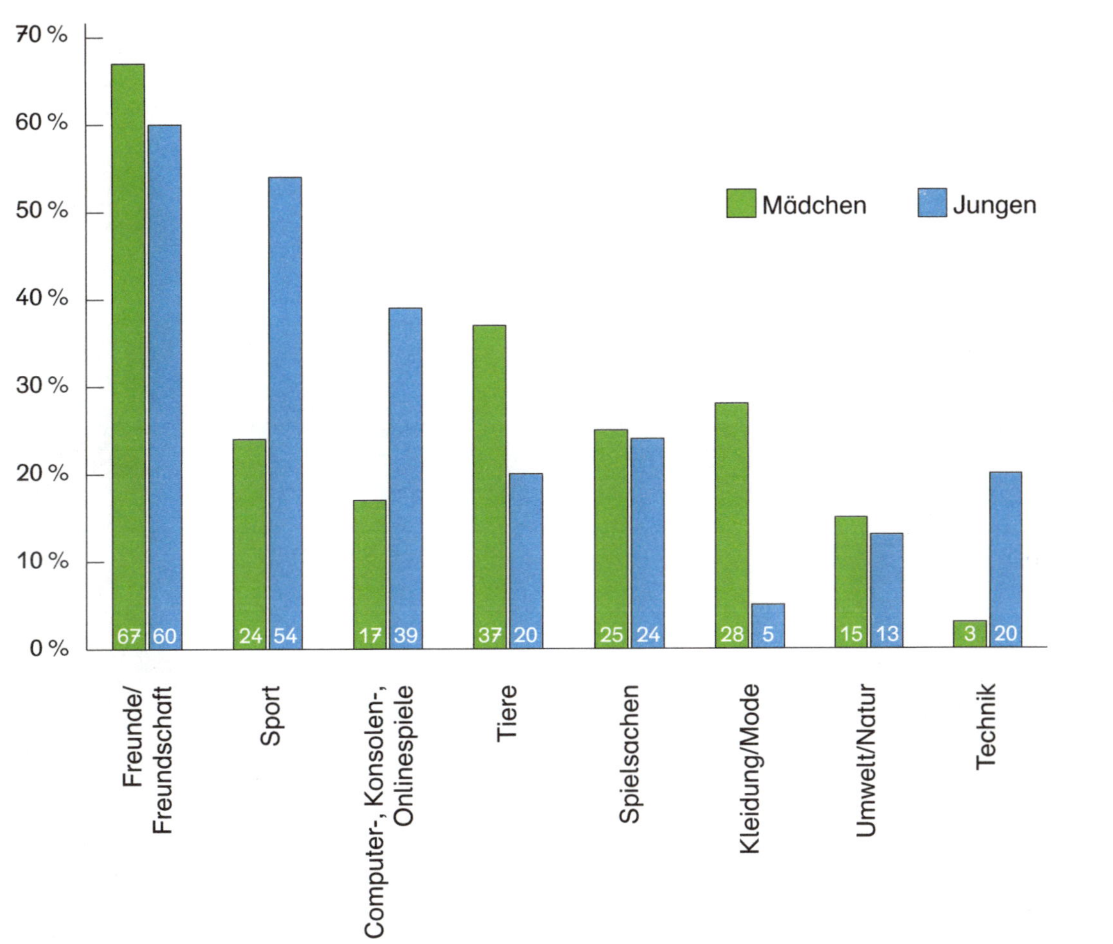

2 Lest das Diagramm. Wie viel Prozent der Mädchen interessieren sich sehr für das Thema? Wie viel Prozent der Jungen?

	Mädchen	Jungen
Freundschaft:	_____________	_____________
Umwelt/Natur:	_____________	_____________
Sport:	_____________	_____________
Technik:	_____________	_____________

3 Bei welchen Themen gibt es große Unterschiede zwischen Mädchen und Jungen? Bei welchen Themen gibt es Gemeinsamkeiten?
Findet Erklärungen dafür.

Für welche Themen interessiert ihr euch in eurer Klasse besonders?
Führt eine Umfrage durch. Stellt eure Ergebnisse in einem Diagramm dar.

Meinungen diskutieren

 **1** Lest die Sprechblasen. Worum geht es?

Typisch Mädchen, typisch Junge – oder?

 **2** Füllt die leeren Sprechblasen mit weiteren Behauptungen.

3 Wählt eine Sprechblase aus. Markiert sie.
Was denkt ihr über diese Behauptung? Tauscht euch aus.
Begründet eure Meinung.

 **4** Wie entstehen solche Behauptungen? Diskutiert.

 **5** Zu welchen Themen habt ihr schon einmal Vorurteile gehört?

Einen Buchinhalt zusammenfassen

1 Tim hat am Computer eine Zusammenfassung über sein Lieblingsbuch geschrieben.
Zur Vorbereitung hat er sich Notizen gemacht. Lies die Zusammenfassung.
Trage auf dem Notizzettel ein: Wie heißt Tims Lieblingsbuch? Wie heißt der Autor?

Mein Buch heißt „Paul Vier und die Schröders" und ist von
meinem Lieblingsautor Andreas Steinhöfel.
Es handelt von Paul Walser, genannt Paul Vier. Paul lebt in der
Ulmenstraße im hübschen und verschlafenen Ort Bergwald.
In dem Buch wird erzählt, was sich plötzlich in der Ulmenstraße
ändert, als die Schröders in Pauls Nachbarhaus ziehen.
Die Schröders sind irgendwie anders und Paul ist der Einzige,
der die Schröder-Kinder mag. Dabei sorgt fast jeden Tag eines
von ihnen für Ärger.

Titel:

Autor:

Wer?

Wo?

Wann?

Worum geht es?

 **2** Auf Tims Notizzettel fehlen einige Informationen. Lest noch einmal
die Zusammenfassung und findet die Antworten auf die Fragen.
Achtung! Zu einer Frage findet ihr keine Antwort. Markiert sie.

 **3** Wähle ein Buch aus, das du schon gelesen hast. Fertige zu diesem Buch
einen Notizzettel an. Die Wörter im Kasten können dir helfen.

Worum geht es?
Freundschaft · ein spannendes Abenteuer
Liebe · eine Mutprobe · einen kniffligen Kriminalfall
einen schlimmen Streit · Fußball

Mein Buch heißt:

____

____

 **4** Fasse dein Buch nun schriftlich zusammen. Nutze dazu deinen Notizzettel
aus Aufgabe 3. Du kannst die Zusammenfassung auch am Computer schreiben.

 Welche Bücher hat Andreas Steinhöfel noch geschrieben?

Ein Buch schriftlich vorstellen

1 Sieh dir die **Leseleine** an. Lies die Hinweise.
Welche Informationen bekommst du auf den vier Seiten?
Verbinde die Hinweise mit der passenden Lupe.

Titel, Autorin oder
Autor, Verlag

besondere Stelle

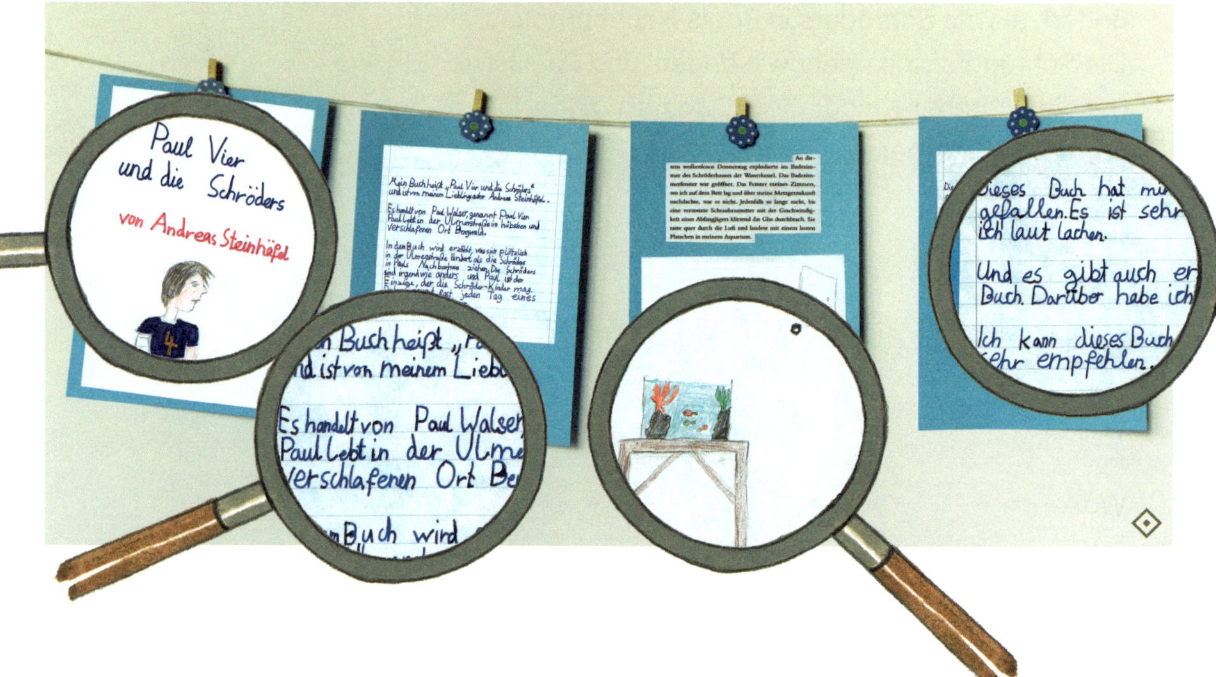

Zusammenfassung

Fazit und Empfehlung

 **2** Gestalte die ersten beiden Seiten für deine Leseleine.
Nutze dazu deine Zusammenfassung von Seite 93.

 **3** Wähle für das dritte Blatt eine besondere Textstelle aus.
Schreibe sie auf. Gestalte ein passendes Bild.

 **4** Was hat dir an dem Buch besonders gefallen?
Schreibe es auf das vierte Blatt.

 **5** Wem würdest du das Buch empfehlen? Begründe.
Ergänze deine Empfehlung auf dem vierten Blatt
deiner Leseleine.

  Bildet Gruppen. Spielt Quartett mit den Seiten eurer Leseleinen.

Subjekt und Prädikat

1 Lies den Text. Untersuche die farbigen Wörter.
Welche Wörter sind das Subjekt, welche das Prädikat?

Mädchen und Jungen haben oft Vorbilder oder Idole.
Diese Personen kommen aus vielen verschiedenen Bereichen.
Viele Vorbilder sind Sportler, Filmstars oder Musiker.
Oft beeindrucken sie die Kinder. Die Kinder wären gern wie ihre Idole.

■ = ______________________________   ■ = ______________________________

2 Markiere in jedem Satz das Subjekt und das Prädikat in verschiedenen Farben.
Frage nach Subjekt und Prädikat.
Schreibe die Fragen mit den passenden Antworten auf.

Luna sammelt Fußballkarten.

Wer oder was ______________________________

Was tut ______________________________

____

Auf dem Flohmarkt kauft Max einen Comic.

____

____

____

Merksatz

Ein Satz hat ein Subjekt (Satzgegenstand) und ein Prädikat (Satzaussage).
Durch Fragen findet man Subjekt und Prädikat heraus.

Tim mag Sportler.

Subjekt: **Wer oder was** *mag Sportler?* **Tim**

Prädikat: **Was tut** *Tim? Er* **mag** *Sportler.*

Die Mädchen aus der 4a kennen viele Filmstars.

Subjekt: **Wer oder was** *kennt viele Filmstars?* **Die Mädchen aus der 4a.**

Prädikat: **Was tun** *die Mädchen aus der 4a? Sie* **kennen** *viele Filmstars.*

3 Markiere in jedem Satz das Subjekt und das Prädikat in verschiedenen Farben.

Die Mädchen aus der 4a kennen viele Filmstars.

Mehr als die Hälfte der Jungen hat Sportler als Idole.

Musiker und Musikerinnen mögen fast alle Kinder.

Auch Freunde oder Familienmitglieder sind Vorbilder.

Stella wäre gern wie der Comic-Held Superman.

Sicher hast du auch ein Vorbild.

4 Wer ist dein Idol oder Vorbild?
Schreibe eigene Sätze über diese Person.
Oder: Schreibe Sätze zu einem anderen Thema.
Markiere in jedem Satz das Subjekt und das Prädikat.

Geteiltes Prädikat

1 Lies die Wörter und Sätze. Was fällt dir auf?

aus malen   ab schreiben

Tom malt das Bild aus .   Alina schreibt den Text ab .

2 Lies die Sätze. Finde in jedem Satz das geteilte Prädikat.
Markiere beide Teile des Prädikats.

Jule sieht Leon an.

Fatma macht das Licht aus.

Tim kommt heute mit zum Sport.

Malte liest der Klasse seinen Text vor.

Lara und Moritz räumen ihre Zimmer auf.

Melek streicht das falsche Wort durch.

Alle denken über Vorschläge für den Ausflug nach.

Musa holt Anni auf dem Schulweg ein.

Lena und Jonas bringen das Altpapier weg.

Mia gibt ihren Mathetest ab.

3 Schreibe beide Teile des Prädikates aus Aufgabe 2 auf.
Schreibe auch die Grundform des Verbs dazu.

sieht an – ansehen,

Merksatz

Ein Prädikat (Satzaussage) kann aus zwei Teilen bestehen.
*Jule **sieht** Leon **an**.*
*Sie **wollen** ins Kino **gehen**.*

4 Auch in diesen Sätzen besteht das Prädikat aus zwei Teilen. Markiere beide Teile des Prädikats und schreibe sie auf.

Jule und Leon wollen ins Kino gehen.

Die Klasse 4a muss mit dem Bus zum Museum fahren.

Klara möchte mit ihrem kleinen Bruder ein spannendes Buch lesen.

Frau Berger ist mit allen Ideen einverstanden.

Im Urlaub kann Tom aus seinem Fenster das Meer sehen.

Am Projekttag konnten die Kinder viel lernen.

wollen gehen,

5 Schreibe eigene Sätze mit geteilten Prädikaten. Nutze die Verben im Kasten.

ausmalen · losfahren · aufbauen · mitmachen · vortragen

Komma bei Aufzählungen

1 Lies die Treppensätze. Was fällt dir auf?

Ich esse gern Nudeln.
Ich esse gern Nudeln und Tomatensoße.
Ich esse gern Nudeln, Tomatensoße und geriebenen Käse.
Ich esse gern Nudeln, Tomatensoße, geriebenen Käse und Gurkensalat.

2 Markiere in den Treppensätzen alle Kommas.

 **3** Lies die Liste. Zähle Hannas Lieblingstiere in einem Satz auf. Setze Kommas.

Hannas Lieblingstiere sind Bernhardiner,

 **4** Lies den Text. Ergänze in sechs Sätzen die Kommas.
Schreibe den Text anschließend ab.

Die Klasse von Tim Lena Fatma und Jonas plant einen Ausflug.
Die Kinder stimmen ab. Der Ausflug geht ins Museum in den Tierpark
auf den Spielplatz oder ins Planetarium. Tim Fatma Jonas Tom Moritz
Lisa und Jenny sind für das Planetarium. Lena Janne und ihre Freundinnen
wollen lieber in den Tierpark gehen. Anna Oskar Musa Chiara und
die Zwillinge Hilda und Paul können sich noch nicht entscheiden.
Welcher Vorschlag gewinnt? Das Museum der Tierpark und
das Planetarium haben gleich viele Stimmen. Dann müssen die Kinder
wohl drei Ausflüge machen.

5 Schreibe eigene Treppensätze wie in Aufgabe 1. Setze alle Kommas.

> **Merksatz**
>
> Zwischen Dingen, die aufgezählt werden, steht ein Komma.
> Vor **und** oder **oder** steht kein Komma.
> *Ich mag meine Freunde, tolle Bücher **und** Sport.*
> *Morgen gehen wir ins Kino, auf den Spielplatz **oder** ins Eiscafé.*

Fremdwörter richtig schreiben 

 **1** Sieh dir das Bild an.
Finde zwölf englische Wörter
und kreise sie ein.
Schreibe jedes Wort auf eine Karte.

 **2** Markiere bei den Wörtern aus Aufgabe 1 schwierige Stellen.
Präge dir jedes Wort ein.
Drehe die Karte um und schreibe das Fremdwort richtig auf.
Kontrolliere mit der Vorderseite.

 **3** Trainiere auch diese Fremdwörter. Gehe vor wie in Aufgabe 1 und 2.

> Chips • Show • Ketchup • Clown • Cent • Training • Homepage
> Garage • Pommes frites • Tourist • Croissant • Diskussion
> Chor • Detektiv • Handy • Chance • Portemonnaie • E-Mail

4 Aus welchen Sprachen kommen die Wörter aus Aufgabe 3?
Sieh in einem Wörterbuch oder im Internet nach.
Nutze dazu eine Kindersuchmaschine.

Schwierige Wörter merken

Merk's dir! 

Schwierige Wörter merken
Merk's dir!
Vogel, Kurve, fahren, Fuchs, Boot, Interview, Käfer, Tiger, Mai

1 Lies die Wörter. Markiere die Merkstelle.

der Tee · der Käfer · das E-Bike · wahr · das Boot
ihre · sägen · die Achse · surfen · das Moos · der Nil
ihm · der Mai · fahren · der Saal · der Dachs

2 Welche Wörter aus Aufgabe 1 haben ähnliche Merkstellen?
Ordne sie passend zu. Markiere die Merkstelle.

Merkwörter mit ä: der Käfer, …

der Käfer,

Merkwörter mit stummem h:

Merkwörter mit doppeltem Selbstlaut: …

weitere Merkwörter: …

3 Finde weitere Merkwörter. Ergänze sie in Aufgabe 2. Markiere die Merkstelle.
Schlage auch in der Wörterliste oder im Wörterbuch nach.

4 Welches Wort passt nicht in die Zeile?
Streicht es durch und begründet.

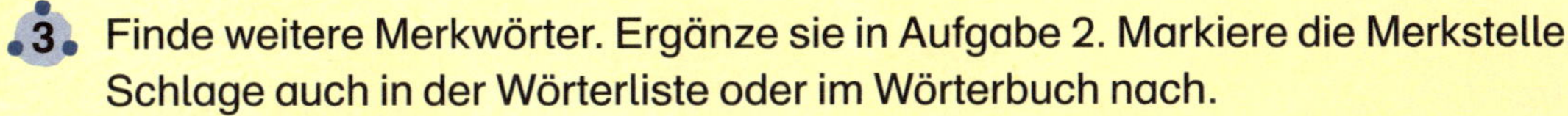

hübsch · stylisch · cool · nice

der Käfig · die Träne · es fällt · der Bär

die Gefahr · verwöhnt · abwehren · gehen

die Maschine · der Tisch · die Kabine · die Rosine

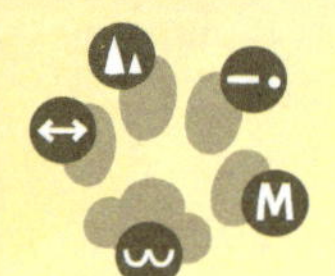

STARK: Alle Strategien anwenden

1 Lies den Text zweimal. Sieh dir beim zweiten Mal
die farbigen Wörter ganz genau an.

> In einer Schule sind viele Kinder. Mädchen und Jungen lernen
> dort gemeinsam. Sie rechnen, schreiben, lesen und forschen
> miteinander. Alle Unterrichtsstunden und die Pausen verbringen
> sie zusammen. Für uns ist das heute selbstverständlich. Früher
> war das anders. Da gab es Mädchenschulen und Jungenschulen.
> Man glaubte, die Geschlechter können besser getrennt
> voneinander lernen. Heute gibt es in Deutschland nur noch wenige
> Schulen, die nur für Jungen oder nur für Mädchen sind.

2 Schreibt jedes farbige Wort aus dem Text auf eine Karte.

3 Führt ein Rechtschreibgespräch zu jedem Wort.

Rechtschreibgespräch

1. An welcher Stelle könntet ihr
   beim Schreiben unsicher sein?
   Markiert diese Stelle.

2. Welche Strategie hilft euch? Begründet.
   Ergänzt die Strategie auf der Karte.

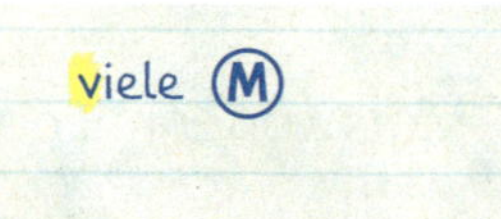

3. Findet drei weitere Wörter, bei denen
   euch die Strategie auch hilft.
   Schreibt sie auf die Rückseite der Karte.

4 Wähle drei Wörter aus, die du besonders schwer findest.
Schreibe mit jedem Wort einen Satz.

____

____

____

____

Das kann ich schon

Lisa muss sich nach der Schule beeilen. Am Nachmittag ist ihr erstes Fußball-
training. Lisa kennt niemanden in der Mannschaft. Deshalb überredet sie ihren
Freund Ben, mitzukommen. Beide sind ganz schön aufgeregt. Pünktlich kommen sie
am Sportplatz an. Die Trainerin begrüßt die beiden Neuen. Es sind fast nur Jungen im
Team. Einer von ihnen heißt Henry. Er schaut Lisa komisch an, lacht und fragt: „Ein
Mädchen? Was willst du denn hier?" Lisa ärgert sich. Das Training macht dann aber
sehr viel Spaß. Kurz vor Schluss schießt Lisa ein tolles Tor. Henry staunt, kann es
kaum glauben und ist endlich still.

Fremdwörter richtig schreiben

1 Schreibe jedes Wort aus dem Kasten auf eine Karte.

> Spray · City · Shop · Toast · Computer
> Baguette · Inliner · Toilette · Party · Advent
> Bonbon · Stars · Orange · Batterie · Cousin
> Baby · Creme · Pony · Clown · Handy

der   Junge
das   Mädchen
die   Mannschaft
der   Schluss
der   Sportplatz
das   Team
die   Trainerin
das   Training
sie   ärgert sich
sich ärgern
sich beeilen
sie   schießt
       schießen
sie   überredet
       überreden
       aufgeregt

2 Markiere bei den Wörtern aus Aufgabe 1 schwierige Stellen.
Präge dir jedes Wort ein. Drehe die Karte um und schreibe
das Fremdwort hier richtig auf. Kontrolliere mit der Vorderseite.

endlich
niemand
pünktlich

____

____

____

____

____

____

Diese Seite fand ich:
○ leicht   ○ mittel   ○ schwer

103

Subjekt und Prädikat

3 Markiere in jedem Satz das Subjekt
und das Prädikat in verschiedenen Farben.

Die Lehrerin korrigiert gerade die Mathearbeiten.

Nele und Inga essen im Café ein großes Eis.

Seiner Schwester schickt Ali aus dem Urlaub eine Karte.

In der Buchhandlung entdeckt Fatma ein tolles Lexikon.

4 Markiere in jedem Satz das Subjekt und das Prädikat in verschiedenen Farben.
Frage nach Subjekt und Prädikat.
Schreibe die Fragen mit den passenden Antworten auf.

Matti schreibt eine spannende Geschichte.

Wer oder was

Was

Im Supermarkt verliert Nesrin ihr Portemonnaie.

Am Nachmittag hilft Tine ihrem Opa bei der Gartenarbeit.

Geteiltes Prädikat

5 Lies die Sätze. Finde in jedem Satz das geteilte Prädikat.
Markiere beide Teile des Prädikats.

Papa liest den Kindern abends noch eine Geschichte vor.

Jonas kauft für Mama im Supermarkt ein.

Yannik schreibt vor seinem Geburtstag alle Wünsche auf.

Der Anfang des Gedichts fällt Lena nicht mehr ein.

Opa bringt Lasse aus dem Urlaub ein neues Buch mit.

6 Schreibe beide Teile des Prädikats aus Aufgabe 5 untereinander auf.
Schreibe auch die Grundform des Verbs dazu.

liest vor –

____

____

____

____

7 Auch in diesen Sätzen besteht das Prädikat aus zwei Teilen.
Markiere beide Teile des Prädikats und schreibe sie auf.

Ina kann richtig weit springen.

Lea darf heute bei Opa übernachten.

Juri möchte die ganze Nacht sein spannendes Buch lesen.

Ole will Oma mit einem Blumenstrauß überraschen.

Heute sollen die Kinder der 4a ihre Projekte präsentieren.

Amir und Sandro wollen nach der Schule ins Kino gehen.

____

____

____

____

8 Lies die Liste. Zähle auf, was Ben vor seiner Geburtstagsfeier erledigen muss. Setze Kommas.

Das muss ich für den Kindergeburtstag erledigen:
- Einladungen schreiben
- Kuchen backen
- Spielideen sammeln
- Zimmer schmücken
- einkaufen
- Tisch decken

Ben muss noch ______________________________________

____

____

____

9 Lies den Text. Ergänze in vier Sätzen die Kommas.

Jakob,Max und Lena sollen heute mit ihrer Mutter einkaufen. Alle drei Kinder brauchen neue Jeans T-Shirts kurze Hosen und Badesachen. Mama will mit ihnen ins Einkaufszentrum zum Sportgeschäft oder in die Innenstadt fahren. Jakob hat überhaupt keine Lust dazu. Das Wetter ist so schön. Am liebsten würde er jetzt mit seinen Freunden Fußball spielen im Wald toben oder zum Kletterpark fahren.

Alle Strategien üben

Markiere die Fehlerwörter. Schreibe die passenden Strategiezeichen darüber.

(M)
Tom unt Marie freun sich heute besonders auf die schule.

die Projektwoche mit dem Zirkus begint. (5)

Schreibe nun beide Sätze richtig auf.

____

____

____

Diese Seite fand ich:
○ leicht   ○ mittel   ○ schwer

Strom überall

leiten

aufladen

einschalten

ausschalten

● Glühlampe

● Kabel

● Kühlschrank

● Solarzelle

● Spannung

● Steckdose

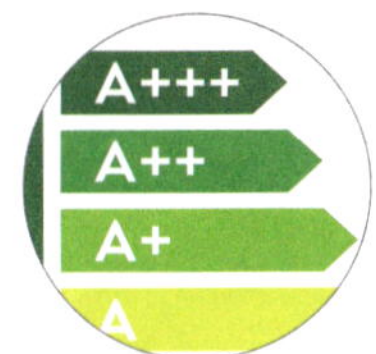

sparsam

elektrisch

erneuerbar

nicht erneuerbar

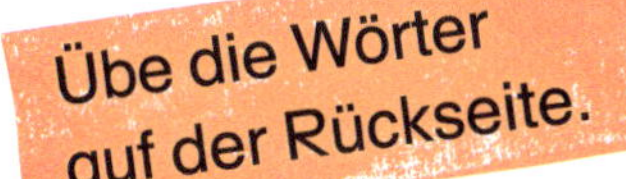

Alles richtig?

Hier schreibe ich Wörter, Texte, Ideen und Fragen zum Bild auf.

Ein Plakat und einen Steckbrief lesen

Lichtquellen früher und heute
Früher nutzten die Menschen Fackeln,
Kerzen oder Öllampen als Lichtquellen.
Später kam die Petroleumlampe hinzu.

Vor etwa 150 Jahren wurde die Glühlampe
erfunden. Sie erhellte viele Jahre lang
unsere Wohnungen. Dann entwickelte man
die Energiesparlampe. Sie sollte helfen,
Strom zu sparen.

Heute nutzen wir moderne Leuchtdioden.
Diese nennt man auch LEDs.

Welche Lichtquellen nutzt ihr zu Hause?

Steckbrief
Name: Thomas Alva Edison
Geboren am: 11. Februar 1847 in Milan (USA)
Gestorben am: 18. Oktober 1931 in West Orange (USA)
Beruf: Erfinder
Bekannteste Erfindung: Kohlefaden-Glühlampe (1879)
Genial, weil …: … er gern tüftelte und 1 093 Patente entwickelt hat.
… er sich sein Wissen über Technik und Physik selbst beigebracht hat.
Besonderheiten: Er war sein Leben lang schwerhörig. Die Schule hat er nach drei Monaten abgebrochen. An seinem Geburtstag feiert man heute in den USA den Tag der Erfinder.

Die Erfindung des Lichts

*Seit der Italiener Alessandro Volta im Jahr 1800 das Prinzip der Batterie
erfunden hat, wird versucht, praktische elektrische Glühlampen zu erfinden,
doch vergeblich. Niemand bringt eine solche Lampe länger als ein paar
Sekunden zum Leuchten. Elektrische Bogenlampen spenden zwar sehr viel*
5 *Licht, können aber nur für Scheinwerfer oder im Freien benutzt werden.
Was benötigt wird, ist eine kleine Lichtquelle, die nicht viel Strom verbraucht.
In seinem Laboratorium sucht der Erfinder Thomas Alva Edison nach einer Lösung.*

Zwei Nächte in Folge habe ich kein Auge
zugemacht, ebenso wenig wie meine
10 Mitarbeiter. Wir sind wach geblieben,
um zu sehen, wie lange unsere Glühlampe
brennt – es waren ganze 40 Stunden!
Wir brüllen vor Begeisterung!
Die Glühlampe besteht aus einem
15 luftleeren Glaskolben. Im Inneren habe
ich einen verkohlten Baumwollfaden
eingeschweißt und den Kolben
zugeschmolzen. Und dann habe ich
das Ganze an Strom angeschlossen.
20 Die Lampe hat den Raum fast zwei Tage
lang ununterbrochen erleuchtet, ohne
dass der Glühfaden verbrannt wäre.
Es funktioniert! Es ist möglich!

Jetzt bin ich davon überzeugt, dass man
25 auch eine Glühlampe herstellen kann,
die Hunderte von Stunden lang brennt.
Ich werde die Lebensgewohnheiten
der Menschen auf den Kopf stellen …
und auch ihre Schlafgewohnheiten!
30 Meine zahlreichen Experimente, die
letztendlich zur Erfindung der Glüh-
lampe führten, haben mich Tausende
von Dollar und Tausende von Arbeits-
stunden gekostet. Ich habe wirklich alles
35 probiert – als Glühfaden mussten einmal
sogar die roten Barthaare meines
Mitarbeiters Mackenzie herhalten.
Doch Ende gut, alles gut. Ich habe nicht
nur eine neue Leuchte erfunden, sondern
40 ein funktionierendes System. Mit meiner
Glühlampe wird man ganze Städte
erhellen können!

Luca Novelli 

Informationen zusammenfassen

1   Lies den Text. Markiere unbekannte Wörter. Kläre sie.

Wie entsteht Strom?

Woraus elektrischer Strom besteht

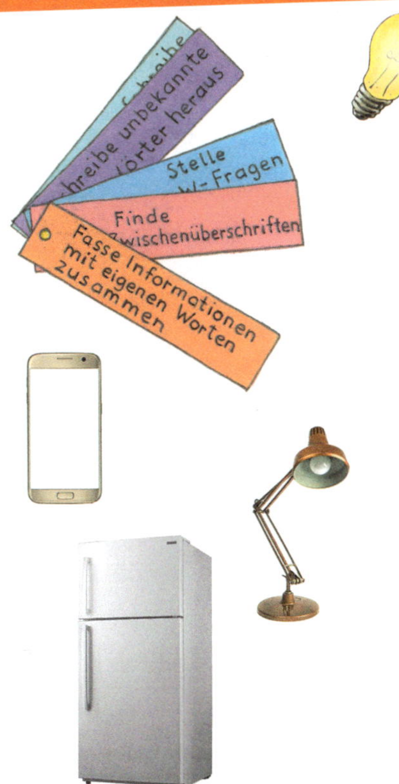

A   Das Handy, der Kühlschrank oder die Lampe auf deinem Schreibtisch – das alles funktioniert mit elektrischem Strom. Elektrischer Strom besteht aus vielen kleinen Teilchen. Diese Teilchen heißen Elektronen. Sie sind so klein, dass du sie nicht sehen kannst. Die Elektronen bewegen sich sehr schnell von einem Punkt zum anderen, zum Beispiel durch ein Stromkabel. Das kann man mit einem Flussbett vergleichen, durch das Wasser fließt. Deswegen sagt man auch: Der Strom fließt.

B   Der Strom, der durch die Stromleitungen fließt, wird in einem Kraftwerk erzeugt. Das funktioniert zum Beispiel so: In einem Kohlekraftwerk wird in einem Brenner Kohle verbrannt. Dabei entsteht Wasserdampf. Dieser Wasserdampf wird zur Turbine weitergeleitet. Eine Turbine ist eine Maschine, die aus mehreren Schaufelrädern besteht. Durch den Wasserdampf werden die Schaufelräder der Turbine angetrieben. Die Turbine dreht sich.

Schaufelräder einer Turbine

C   Die Turbine ist mit einem Generator verbunden. Der Generator ist auch eine Maschine. Im Inneren des Generators sind eine Spule und ein Magnet. Eine Spule ist ein langer Draht aus Kupfer, der zusammengerollt wurde. Wenn sich die Turbine dreht, dann dreht sich auch der Magnet in der Spule. So entsteht der Strom. Durch Stromleitungen wird der Strom dann zu uns nach Hause und bis in unsere Steckdose geleitet.

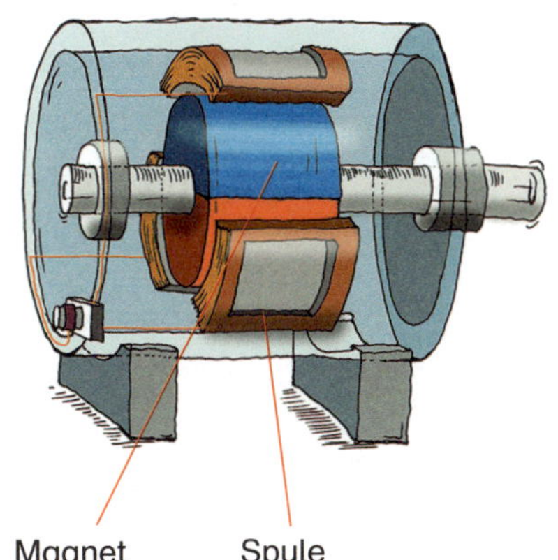

Der Text geht auf der nächsten Seite weiter.

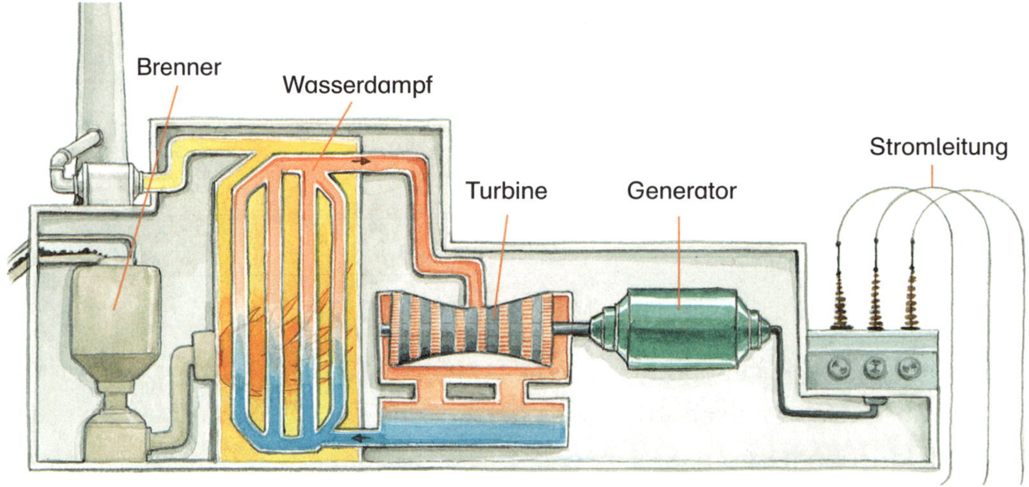

D Es gibt verschiedene Arten von Kraftwerken. Kraftwerke, die mit Kohle, Erdöl oder Erdgas betrieben werden, sind nicht gut für die Umwelt. Durch ihre Schornsteine pusten sie schädliche Stoffe in die Luft. Diese Stoffe verschmutzen die Natur. Außerdem sind die Kohle, das Erdöl und das Erdgas irgendwann aufgebraucht. Wir Menschen können diese Stoffe nicht selbst herstellen. Deswegen nennt man sie auch nicht erneuerbare Energiequellen.

E Es gibt aber auch erneuerbare Energiequellen. Dazu zählen Wasser, Wind und Sonne. Sie werden jeden Tag von der Natur erneuert. Deswegen können wir sie unbegrenzt nutzen. Wasserkraftwerke, Windräder und Solarzellen erzeugen Strom aus Wasser, Wind und Sonne. Weil sie dabei keine schädlichen Stoffe in die Luft pusten, schonen sie die Natur. Strom, der aus Wasser, Wind und Sonne entsteht, nennt man auch Ökostrom.

2 Finde für jeden Abschnitt eine Überschrift. Schreibe sie auf die Linie.

3 Wähle einen Abschnitt. Schreibe deine Überschrift auf. Finde wichtige Stichworte und schreibe sie untereinander.

4 Schreibe mithilfe der Stichworte eine Zusammenfassung.

Einen Text in Handlung umsetzen

1 Lest die Materialliste und seht euch das erste Bild an. Welche Materialien braucht ihr, um einen Schalter herzustellen? Ergänzt die Materialliste. Beschafft diese Materialien.

2 Lest die Anleitung und baut den Schalter.

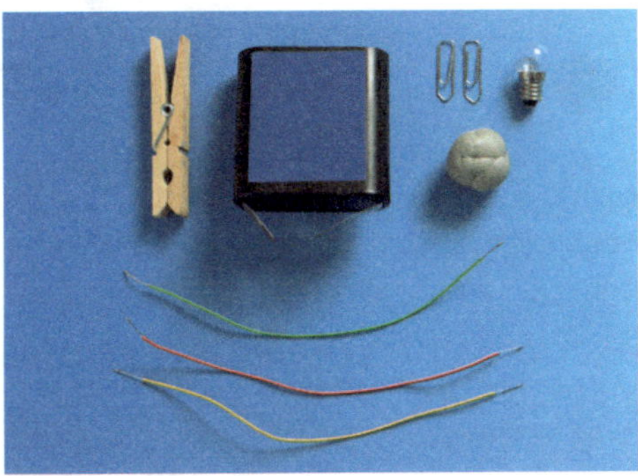

Ihr braucht:
– etwas Knete
– eine kleine Glühlampe
– eine Flachbatterie (4,5 Volt)
– drei Drähte (mit abisolierten Enden)

– _______________________________________

– _______________________________________

So wird es gemacht:

Forme aus der Knete eine Fassung für die
Glühlampe. Schiebe eine Büroklammer auf
ein Ende der Wäscheklammer. Befestige einen
Draht an der Büroklammer. Verbinde das Ende
5 des Drahtes mit einem Pol der Flachbatterie.
Schiebe die zweite Büroklammer auf das zweite
Ende der Wäscheklammer. Befestige nun den
zweiten Draht an der Büroklammer.
Das Ende dieses Drahtes wickelst du um den
10 Metallsockel der Glühlampe. Stecke die
Glühlampe in die Knete.
Befestige den dritten Draht am noch freien Pol
der Batterie. Das andere Ende des Drahtes
schiebst du durch die Knete bis unter das
15 Kontaktplättchen der Glühlampe.
Wenn du den Schalter richtig gebaut hast,
kannst du jetzt durch das Zusammendrücken
der Wäscheklammer den Stromkreis schließen
und die Glühlampe leuchtet.

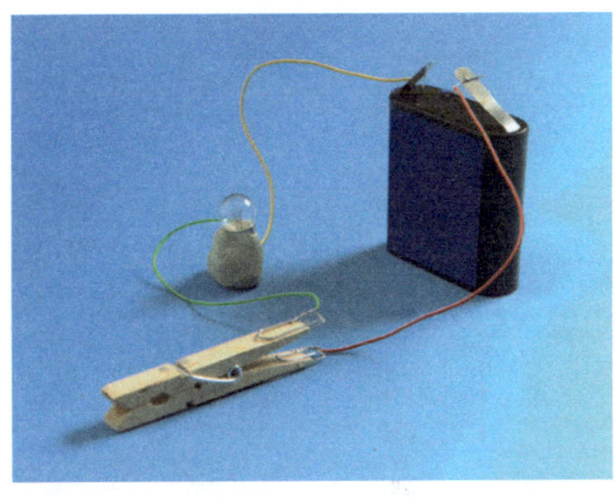

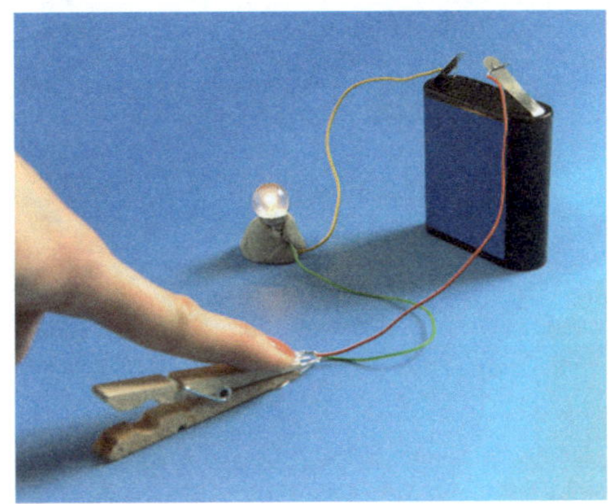

3 Warum leuchtet die Glühlampe, wenn du die
Wäscheklammer zusammendrückst?

____

____

Redewendungen kennenlernen

1 Lest die Texte und die Redewendungen in den Sprechblasen.
Ordnet den Texten die passenden Redewendungen zu.
Tragt den Buchstaben in das Kästchen ein.
Achtung! Eine Redewendung bleibt übrig.

Jonas' Mutter hat fest versprochen, mit ihm ins Kino zu gehen. Aber ihr ist etwas dazwischengekommen. Jonas ist wütend. Er knurrt: „   "

Tim soll heute seinen Vortrag über den Erfinder Thomas Alva Edison halten. Er ist aufgeregt und angespannt. Er seufzt: „   "

Fatma hat die Matheaufgabe nicht verstanden. Sie bittet Tim um Hilfe und sagt: „   "

Lena ruft: „Wo ist mein Rad? Ich hatte es doch hier abgestellt!" „Bist du sicher?", fragt Jonas. „Das weiß ich genau! – Ach nein, heute hat mich ja meine Mutter mit dem Auto zur Schule gebracht. Aha!   "

2 Markiere die Redewendung, die übrig bleibt.

 **3** Schreibe eine passende Erklärung für die übrig gebliebene Redewendung.

 **4** Wählt eine Redewendung aus. Denkt euch eine Situation aus, die zu der Redewendung passt. Spielt sie der Klasse vor.

 Findet weitere Redewendungen zu den Themen **Strom** und **Licht**.

Gewusst wie: Eine Aufforderung schreiben

Durch einen **Handzettel** könnt ihr andere über ein gemeinsames Vorhaben informieren und sie **auffordern**, **mitzumachen**.

Sammelt Ideen für ein gemeinsames Vorhaben.

Entscheidet euch für ein Vorhaben. **Plant** dazu **eine Aufforderung**. Macht euch Gedanken über **die wichtigsten Informationen**. Notiert Stichworte zu diesen **W-Fragen**: **Wann? Wo? Was? Wer? Weshalb?**

Schreibt eure Aufforderung nun auf **einen Handzettel**. Schreibt **in Stichworten** oder **in kurzen Sätzen**. Verwendet **Wörter**, die **Interesse** für das Thema **wecken**. **Fordert** eure Leserinnen und Leser **zum Mitmachen auf**.

Gestaltet euren Handzettel. Wählt eine **Überschrift**, die neugierig macht. Fügt **Zeichnungen oder Fotos** hinzu. **Vervielfältigt** eure Handzettel und **verteilt sie** in der Schule. Ihr könnt eure Aufforderung auch auf der Schulhomepage veröffentlichen.

Was ist wichtig, wenn du eine Aufforderung schreiben willst? Kreuze an.

- [ ] Ich notiere mir Stichworte zu W-Fragen.
- [ ] Ich schreibe meine Aufforderung auf eine Postkarte.
- [ ] Ich verwende Wörter, die Interesse für das Thema wecken.
- [ ] Ich wähle eine passende Überschrift, die neugierig macht.

1 Seht euch die Ideen für ein gemeinsames Vorhaben an. Wählt eine Karte aus. Kreuzt an.

☐ Wir vermeiden Müll.

☐ Die ganze Schule spart Strom.

☐ Müllfreies Frühstück

☐ Wir gehen zu Fuß zur Schule.

☐ Aus ALT mach NEU

☐ Zu Hause Strom sparen

2 Plant eure Aufforderung. Macht euch Gedanken über die wichtigsten Informationen.
Notiert Stichworte zu diesen W-Fragen:

Wann? ____

____

Wo? ____

____

Was? ____

____

Wer? ____

____

Weshalb? ____

____

3 Schreibt eure Aufforderung nun auf einen Handzettel. Schreibt in Stichworten
oder in kurzen Sätzen. Verwendet Wörter, die Interesse für das Thema wecken.
Fordert zum Mitmachen auf. Ihr könnt euren Handzettel auch am Computer tippen.

4 Gestaltet euren Handzettel. Nutzt dazu verschiedene Farben. Ihr könnt auch Wörter
unterstreichen oder markieren. Findet eine Überschrift für eure Aufforderung.

5 Fügt passende Zeichnungen oder Bilder ein.
Ihr könnt selbst zeichnen und malen oder im Internet nach Bildern suchen.
Nutzt dafür eine Bildersuchmaschine für Kinder, zum Beispiel **Find das Bild**.

1 Lies die Texte. Was fällt dir auf? Kreuze an.

☐ Die markierten Wörter sind Nomen.

☐ In beiden Texten ist das Thema die Erfindung der LED-Lampe.

☐ Der erste Text wird von einer Person erzählt.

☐ Der zweite Text wird von einer Person erzählt.

Die LED-Lampe gab es zuerst in Rot, Gelb und Grün. Vor 30 Jahren erfanden Physiker die blaue LED-Lampe. Daraus entwickelten sie später die weißen LEDs. Diese Entwicklung war ein großer Fortschritt.

Die LED-Lampe hat es zuerst in Rot, Gelb und Grün gegeben. Vor 30 Jahren haben Physiker die blaue LED-Lampe erfunden. Daraus haben sie später die weißen LEDs entwickelt. Diese Entwicklung ist ein großer Fortschritt gewesen.

Herr Lichtblitz

2 Schreibe auf, was Herr Lichtblitz sagt. Markiere beide Teile des Verbs.

Die LED-Lampe hat es zuerst in Rot, Gelb und Grün gegeben.

Merksatz

Verben können in verschiedenen Zeitformen stehen.

| Präsens (Gegenwart): | sie **gibt** | es **ist** |
| Präteritum (Vergangenheit): | sie **gab** | es **war** |

Wenn etwas erzählt wird, das vergangen ist, steht das Verb oft im Perfekt. Es besteht aus zwei Teilen.

| Perfekt (mündliche Vergangenheit): | sie **hat gegeben** | es **ist gewesen** |

3 Schreibe die Sätze im Perfekt auf. Verändere dazu die farbigen Verben. Markiere beide Teile des Verbs.

An ihrer Erfindung arbeiteten die Physiker sehr lange.
Ihre Erfindung veränderte viel.
Die LED-Lampe ersetzte mehr und mehr die Glühlampe.
Es entstanden viele verschiedene LED-Lampen.
In Haushaltsgeräten, Smartphones, Verkehrsampeln,
Straßenlaternen und vielen anderen Geräten setzte
man LED-Lampen ein.
2014 gewannen die Erfinder den Nobelpreis.
Darauf waren sie sehr stolz.

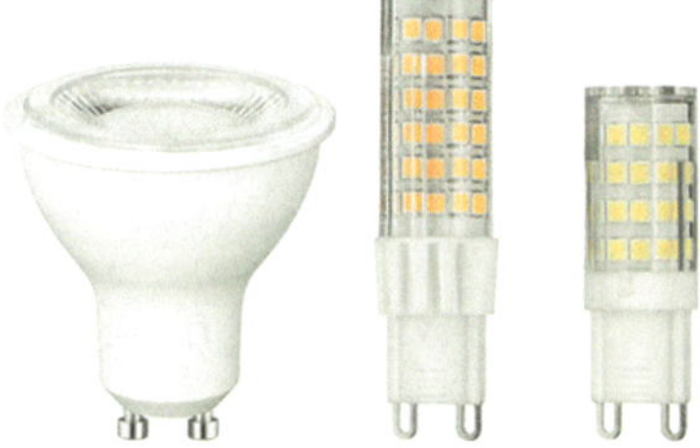

An ihrer Erfindung haben die Physiker
sehr lange gearbeitet.

Hör genau hin, wenn dir jemand etwas erzählt.
In welcher Zeitform spricht die Person? Berichte.

Adjektive mit bar, los, sam

1 Lies den Text. Markiere bei den farbigen Adjektiven die Endung **bar**, **los** und **sam**.

Jeden Tag verbrauchen wir Menschen maßlos viel
Energie, vor allem in Form von Licht. Seitdem wir
durch das Internet drahtlos mit der ganzen Welt
verbunden sind, laufen die Computerbildschirme
5 pausenlos. Große Werbetafeln leuchten rund um
die Uhr. Nachts, wenn es dunkel ist, strahlt die Erde
deshalb sichtbar heller. Satellitenaufnahmen zeigen
das. Es ist ratsam, möglichst wenig Energie zu
verbrauchen und Leuchtmittel sorgsam einzusetzen.
10 Das ist zunächst sehr mühsam. Doch es ist wichtig
für das Klima auf unserer Erde.

2 Verwandle die Adjektive aus Aufgabe 1 in Nomen.

maßlos – das Maß,

3 Verwandle die Verben aus dem Kasten in Adjektive.
Ordne sie in eine Tabelle.

-bar	-los	-sam
...	hilflos	...

helfen · schweigen · erholen · schlafen · trinken · denken
folgen · sparen · danken · spüren · hören · leben · schützen

4 Verwandle die Verben auf den Karten in Adjektive und
setze sie in die Sätze ein. Schreibe die Sätze vollständig auf.
Achtung! Zu jedem Verb passen zwei verschiedene Endungen.

Die Klasse 4c macht einen Ausflug in die Jugendherberge.
Die Ankunftszeit an der Jugendherberge ist gut   .   raten
Die Kinder laufen eine Weile   auf dem Gelände herum.
Lena hat sich verlaufen. Sie ist   .
Für sie ist es   , wieder zum Treffpunkt zurückzukehren.   planen

Wichtige Wörter üben

 **1** Lies dir die Wörter im Kasten mehrmals genau durch. Flüstere dabei mit.

> nie • denn • kein • doch • seit • hinter • wenn • dann • auch • viel • durch • danach
> nichts • dein • mein • seid • meistens • wie • unter • bisschen • heraus • hier • dies • über

  **2** Ordnet die Wörter aus Aufgabe 1 passend zu. Markiert schwierige Stellen.

Wörter mit ie: nie, ____________________

Wörter mit ei: ____________________

Wörter mit ch: ____________________

⊖: ____________________

∽: ____________________

 **3** Spielt Bingo mit den Wörtern aus Aufgabe 1.

Anleitung:
- Wählt einen Spielleiter oder eine Spielleiterin.
- Zeichnet euer Bingofeld. Tragt in jedes Feld ein Wort aus Aufgabe 1 ein.
- Der Spielleiter oder die Spielleiterin nennt Wörter aus Aufgabe 1.
- Hast du ein Wort in dein Bingofeld eingetragen? Dann kreuze das Feld an.
- Wer zuerst drei Felder in einer Zeile oder einer Spalte angekreuzt hat, darf „Bingo" rufen und hat gewonnen.

4 Setze die Wörter aus dem Kasten passend in die Sätze ein.

> nächste • sogar • bald • vorbei • sehr • dann • nämlich • immer

Nächste ____________ Woche treffe ich mich mit Lena. Ich darf ____________

bei ihr übernachten. Das klappt ____________ nicht oft.

Leider geht die Zeit ____________ so schnell ____________.

Zum Glück sind ____________ Ferien. ____________ könnte sie bei mir

übernachten. Das wäre ____________ schön.

Wörter mit ss oder ß 

1 Lies den Text. Sprich die farbigen Wörter besonders deutlich.

Um Strom zu erzeugen, kann man Wasser nutzen.
Das funktioniert so: Ein Fluss wird durch
eine Staumauer gestaut. Dadurch steigt der
Wasserspiegel. Am Fuß der Staumauer
5 befindet sich eine Rohrleitung. Das gestaute
Wasser wird mit großem Druck in das Rohr gepresst.
Es fließt jetzt schneller. Am Ende des Rohrs ist eine
Turbine. Sie passt in ihrer Größe genau an das Rohr.
Die Schaufelräder der Turbine drehen sich.
10 Die Turbine ist an einen Generator angeschlossen.
Dieser wandelt die Bewegung in elektrische Energie um.

2 Schreibe die farbigen Wörter auf. Markiere **ss** und **ß**.

Wasser, __________________________________

____

____

3 **ss** oder **ß**? Mache die Lang-Kurz-Probe. Ergänze **ss** oder **ß**.
Schreibe die Wörter richtig auf.
Markiere den Selbstlaut und **ss** oder **ß**.

| be **ss** er • gie **ß** en • bi ☐ chen • na ☐ • Stra ☐ e • au ☐ erdem |
| losla ☐ en • mü ☐ en • Fa ☐ • sto ☐ en • Ga ☐ e • schlie ☐ en |
| rei ☐ en • hei ☐ en • drau ☐ en • vermi ☐ en • pa ☐ ieren • wei ☐ |

Wörter mit ss: besser, ________________________________

____

Wörter mit ß: gießen, ________________________________

____

4 Ordne die Wörter nach ihren Wortfamilien. Markiere den Wortstamm.

> es fließt · du lässt · er weiß · gelassen · die Flüsse · nachlässig
> ich habe gewusst · er ließ · die Wissenschaft · er ist geflossen
> das Gewissen · flüssig · verlassen · bewusstlos · das Floß

fließ: es fließt,

____

wiss: ____

____

lass: ____

____

5 Finde möglichst viele Wörter mit dem Wortstamm **gieß**.
Oder: Finde weitere Wörter zu den Wortfamilien aus Aufgabe 4.
Schlage auch in der Wörterliste oder im Wörterbuch nach.

____

____

____

____

____

____

____

____

____

____

Länge des Selbstlautes prüfen

Lang/kurz? 

Länge des Selbstlautes prüfen
Lang/kurz?
Wenn du wissen willst, ob ein Selbstlaut lang
oder kurz ist, sprich das Wort unterschiedlich aus:
rot oder rot, Frosch oder Frosch

spazieren   Katze   Keks   erschrecken   Stiefel
bitten   groß   Schloss   Hut   Gurke

1 Klingt der Selbstlaut lang oder kurz? Mache die Lang-Kurz-Probe.
Markiere den langen Selbstlaut mit einem _ und den kurzen Selbstlaut mit einem .

letzte • Haken • schlimm • Note • zurück • Keks • wissen • hacken

Nashorn • Löffel • Spaß • allein • doppelt • scharren • schlaff • wen

schnäuzen • pieksen • reißen • Schaufel • schlafen • nett • wenn

2 Ordne die Wörter nach ihren Wortfamilien. Markiere den Wortstamm.

erschrecken • herumspuken • abschreckend • spuken • der Schreck
die Spukerei • schreckhaft • spukend • es spukt • hochschrecken

schreck: erschrecken,

____

spuk: _______________________________

____

 **3** Schreibe das Verb **wissen** in allen Personalformen im Präsens auf.
Markiere die langen und die kurzen Selbstlaute.
Wann klingt der Selbstlaut lang, wann klingt er kurz?

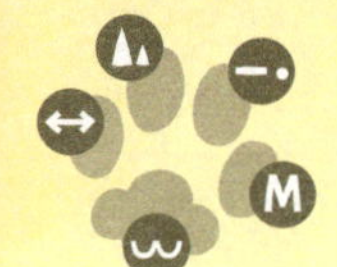

STARK: Alle Strategien anwenden

1 Lies den Text zweimal. Sieh dir beim zweiten Mal
die farbigen Wörter ganz genau an.

> Ein Leben ohne Strom **können** wir uns nicht mehr **vorstellen**.
> Wir verwenden viele elektrische Geräte. Die Waschmaschine
> wäscht die Wäsche und der **Saugroboter** saugt, ohne dass wir
> zu Hause sind. Wir verbrauchen jede **Menge** Strom. Die Kinder
> der 4a möchten das Klima **schützen**. Deshalb **schreibt**
> die Klasse Handzettel. Sie fordert alle auf, Strom zu sparen.
> Davor haben die Kinder ein **Interview** mit dem Hausmeister
> durchgeführt.

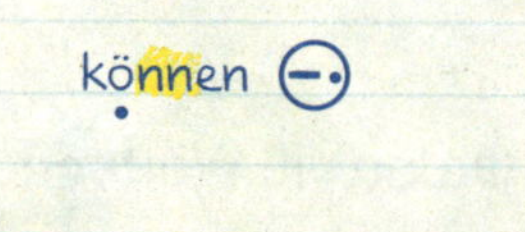

2 Schreibt jedes farbige Wort aus dem Text auf eine Karte.

3 Führt ein Rechtschreibgespräch zu jedem Wort.

Rechtschreibgespräch

1. An welcher Stelle könntet ihr
   beim Schreiben unsicher sein?
   Markiert diese Stelle.

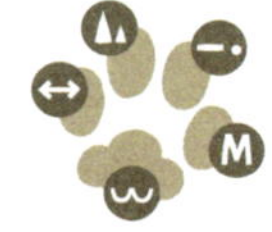

2. Welche Strategie hilft euch? Begründet.
   Ergänzt die Strategie auf der Karte.

3. Findet drei weitere Wörter, bei denen
   euch die Strategie auch hilft.
   Schreibt sie auf die Rückseite der Karte.

4 Wähle drei Wörter aus, die du besonders schwer findest.
Schreibe mit jedem Wort einen Satz.

____

____

____

____

Das kann ich schon

Vor über 150 Jahren wurde die Glühlampe erfunden. Seitdem wird sie ständig weiter-
entwickelt. Heute leuchten verschiedene LED-Lampen, denn sie sind sparsam.
Der Strom dafür wird in Kraftwerken erzeugt. Einige Kraftwerke stoßen schädliche
Stoffe aus. Bei der Verbrennung von Kohle und Erdöl gelangt nämlich das Gas CO_2
in die Lufthülle der Erde. Unser Klima wird wärmer. Immer mehr Strom wird deswegen
umweltfreundlich hergestellt. Dieser Strom heißt Ökostrom. Wählbar ist Strom aus
Wind, Sonne oder Wasserkraft. „Außerdem ist es wichtig, Strom zu sparen", sagt
Lena. Lena, Jonas, Fatma und Tim wissen viele Tipps. Sie haben Handzettel
geschrieben und diese in der Schule verteilt. Ihre Tipps sind für alle ratsam.

Präteritum und Perfekt

1 Schreibe die Sätze im Perfekt auf.

Neulich goss ich Kerzen. Ich sammelte Kerzenreste.
Dann schmolz ich das Wachs im heißen Wasserbad. Als Docht
nahm ich eine Baumwollschnur. Am Ende befestigte ich
ein Gewicht. Das andere Ende knotete ich um einen Stift.
Ich wählte eine Dose als Gießform.

Neulich habe ich Kerzen gegossen.

Übungswörter

die Glühlampe
das Kraftwerk
die LED-Lampe
der Tipp
die Verbrennung
die Wasserkraft
es gelangt
   gelangen
er heißt
   heißen
sie stoßen aus
   ausstoßen
   ratsam
   sparsam
   umweltfreundlich
   wählbar

außerdem
denn
deswegen
seitdem

2 Verwandle die Adjektive aus dem Kasten in Nomen.

> farblos • nachweisbar • mühsam • fantasielos • furchtbar • wunderbar
> gefahrlos • sorgsam • hilflos • strafbar • gefahrlos • zeitlos

farblos – die Farbe,

3 Verwandle die Verben aus dem Kasten in Adjektive.

> einfallen • biegen • zielen • sparen • machen • wachen • enden
> erklären • genießen • essen • brennen • kosten • teilen • zahlen

einfallen – einfallslos,

Wörter mit ss oder ß

4 **ss** oder **ß**? Mache die Lang-Kurz-Probe. Ergänze **ss** oder **ß**. Schreibe die Wörter richtig auf. Markiere den Selbstlaut und **ss** oder **ß**.

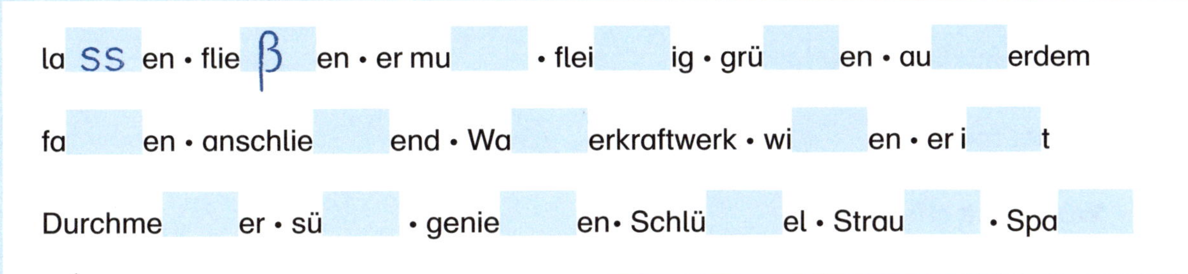

Wörter mit ss: lassen,

____

Wörter mit ß: fließen,

____

5 Ordne die Wörter nach ihren Wortfamilien. Markiere den Wortstamm.

die Schießscheibe • reißen • er frisst • er biss • schießen • das Gebiss • fressen
zerrissen • beißen • es fraß • sie riss • er schoss • gerissen • du schießt
angebissen • das Milchgebiss • geschossen • der Reißwolf • der Fressnapf

schieß: die Schießscheibe,

____

reiß: _____________________________________

____

beiß: _____________________________________

____

fress: ____________________________________

____

Wichtige Wörter üben

6 Ordne die Wörter aus dem Kasten passend zu. Markiere schwierige Stellen.

> nein • wieder • dich • eins • euch • weil • nach • hier • noch • dies

Wörter mit ie: _wieder,____

Wörter mit ei: ____

Wörter mit ch: ____

7 Setze die Wörter aus dem Kasten passend in die Sätze ein.

> trotzdem • wieder • eigentlich • nämlich • nachdem • sogar • bisschen • heute

_Heute_______ muss ich lernen. Wir schreiben _______________ morgen

_______________ eine Arbeit. _______________ ich gelernt habe,

habe ich _______________ noch Zeit zum Spielen.

Ich habe _______________ keine Lust. _______________ würde ich lieber

ein _______________ lesen oder eine Seite in meinem Tagebuch gestalten.

Alle Strategien üben

Markiere die Fehlerwörter. Schreibe die passenden Strategiezeichen darüber.

Ⓜ
Wir ferbrauchen jeden Tak ser viel Strom.

Wo kanst du im haushalt Strom sparen? (5)

Schreibe nun beide Sätze richtig auf.

____

____

____

Diese Seite fand ich:
○ leicht ○ mittel ○ schwer

Vom Leben der Wale

abtauchen

● Delfin

● Kalb

flink

auftauchen

● Finne

● Ozean

gewaltig

atmen

● Fluke

● Wal

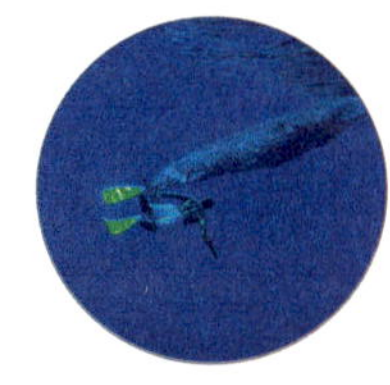

friedlich

retten

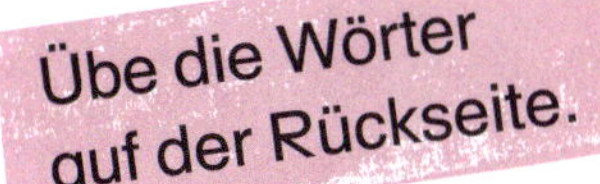

glatt

Alles richtig?

Hier schreibe ich Wörter, Texte, Ideen und Fragen zum Bild auf.

Ein Gedicht und ein Schaubild lesen

```
                          WALW.    WALWA
                        'ALWALWALWA
                       ''WALWALW
         'ALWALWALWALWW,              VAL'
     .LWALWALWALWALWALWALWALWA         .WA
  .LWALWALWALWALWALWALWALWAL            .LW
 ALWALWALWALWALWALWALWALWA           .ALW
VALWALWALWALWALWALWALWALWALWALWALWALI
WALWALWALWALWALWALWALWALWALWALWALWAL
WALWALWALWALWALWALWALWALWALWALWALWA
WALWALWALWALWALWALWALWALWALWALWALV
WALWALWALWALPLASTIKWALWALWALWALWA'
VALWALWALWALWALWALWALWALWALW^
'LWALWALWALWALWALWALWALW^
 'ALWALWALWALWALWALWALW^
   'WALWALWALWA'
```


☐ Plastik   ☐ Müll   ☐ Wasser

Was schwimmt denn da?

Säugetier oder Fisch? Delfin oder Robbe? Hai oder Wal?
Dank einiger Merkmale kannst du die Tiere leicht einordnen.
Mach den Test!

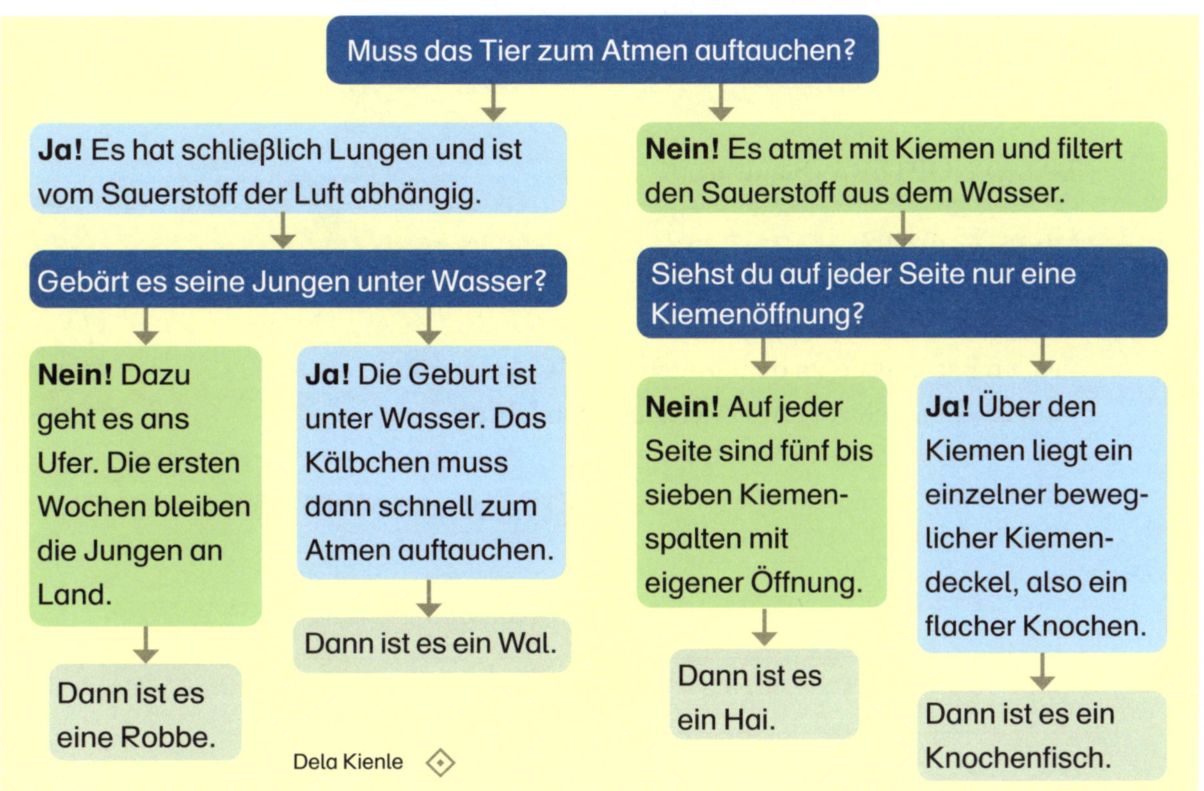

Ein Kinderbuch lesen

Bühne frei für unsere Wale!

Die heutigen Wale bilden zwei Gruppen: die Bartenwale und die Zahnwale.

Die Bartenwale haben keine Zähne, sondern filtern kleine Lebewesen,
den Krill, aus dem Meerwasser. Dazu
5 benutzen sie knorpelige Platten, die Barten,
in ihren Mäulern: Sie nehmen ein großes
Maul voll Meerwasser und drücken es mit
ihrer riesigen Zunge durch die Barten. Der
Krill bleibt daran hängen und wird
10 hinuntergeschluckt.

Zahnwale ernähren sich von Tintenfischen
und Fischen, die sie mit ihren Zähnen
fangen. Im Gegensatz zu den Zähnen ihrer
Vorfahren sind die Zähne der heutigen
15 Zahnwale meist alle gleich groß und gleich
geformt. Delfine und andere kleine Wale
gehören zu dieser Gruppe.

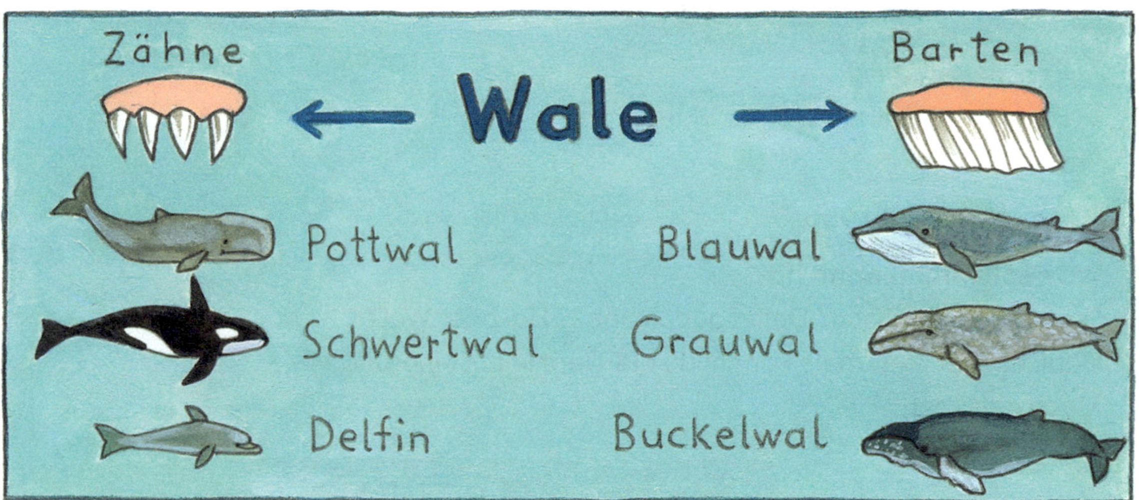

BALAENOPTERA (Blauwal)

Größe: 25 m lang
Der Blauwal ist das größte Wirbeltier,
das je auf der Erde gelebt hat. Die riesig
großen Bartenwale, zu denen auch der Blauwal gehört,
entwickelten sich vor etwa zwei Millionen Jahren.

Dougal Dixon ◇

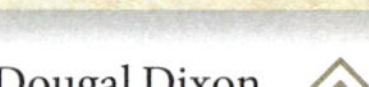

Einen Text genau lesen

1 Lies die Überschrift. Worum geht es wohl? Kreuze an.

☐ Wale beim Sehtest   ☐ Wale beim Hörtest

2 Lies den Text. Kläre unbekannte Wörter.

Aufgehorcht! Schweinswale beim Hörtest

Eigil steckt bis über beide Ohren in Arbeit,
von morgens um acht bis mittags um vier.
Der Schweinswal nimmt an
Forschungsprojekten teil.
5 Sein Arbeitsplatz: ein großes Becken
im Forschungszentrum Fjord & Bælt
im dänischen Kerteminde. Sein Chef:
die Biologin Meike Linnenschmidt.
Sie will mithilfe verschiedener Tests mehr
10 über das Gehör und die Echo-Ortung der
kleinen Meeressäuger herausfinden.

Und so taucht Eigil immer wieder ab,
bis zu 30-mal am Tag. In einem der Tests
soll er eine Aluminiumkugel aufspüren, die
15 im Wasser baumelt.
Das Besondere dabei: Das Tier sieht nichts.
Mit viel Geduld haben die Forscher Eigil
daran gewöhnt, Augenklappen zu tragen,
die sie wie eine Taucherbrille über seine
20 Augen stülpen.
Als er durch das flaschengrüne Wasser
schwimmt, sendet er immerzu Klicklaute
aus. Für unsere Ohren klingen die bloß wie
ein Knattern und Knarzen.
25 Eigil aber helfen die Laute, sich zu
orientieren. Die Steine am Meeresgrund,
der Steg über das Becken: All das wirft ein
Echo seiner Klicks zurück.
Aus diesem formt Eigils Gehirn ein Bild der
30 Umgebung. Der Schweinswal sieht quasi
mit den Ohren – selbst nachts
oder im trüben Wasser.

Simone Müller

3 Überlege dir W-Fragen zum Text. Markiere die Antworten in den passenden Farben im Text.

Wer? _______________________________________

Wann? ______________________________________

Was? _______________________________________

? _______________________________________

4 Beantwortet gegenseitig eure Frage.

Informiert euch über das Forschungszentrum Fjord & Bælt.
Oder: Informiert euch über ein anderes Forschungszentrum für Wale.

Überfliegendes Lesen

1 Lies die Erklärung. Was ist **überfliegendes Lesen**? Markiere wichtige Wörter.

> Ich kann das überfliegende Lesen nutzen, wenn ich herausfinden möchte,
> worum es in einem Text geht. Dabei **fliegen** meine **Augen** ganz **schnell**
> über den Text. Ich lese **nur die wichtigen Wörter**. Meine Augen springen
> von einem wichtigen Wort zum nächsten. Das nennt man auch **Blicksprünge**.

2 Probiere das überfliegende Lesen aus.
Lies dazu nur die **fett** gedruckten Wörter im Text.

Das Familienleben der Delfine
Delfine ziehen meist in **größeren Gruppen** durch die Meere.
Diese Gruppen nennt man auch **Schulen**. Die Gruppe ist ihre Familie,
in der sie sich geborgen fühlen. Die Delfine plappern untereinander
in einer **Sprache**, die aus zahlreichen **Pfeiflauten und Klicklauten** besteht.
5 Delfinjunge lernen einen **Pfeifton**, den sie wie einen **Namen** ihr ganzes
Leben behalten. Die Mutter kann so das Junge gezielt rufen.

Es fällt auf, wie eng die Delfine in der **Gruppe** schwimmen.
Sie bleiben dicht beieinander und streicheln sich mit den Flossen
oder stupsen sich an. Die Tiere genießen den **Hautkontakt**.
10 Ganz besonders intensiv berühren sich Mutter und Kind.
Die Delfine schließen **Freundschaften** und bestätigen sich,
dass sie sich **aufeinander verlassen** können. Delfine helfen
auch ihren kranken und verletzten Gefährten.

Dr. Manfred Baur

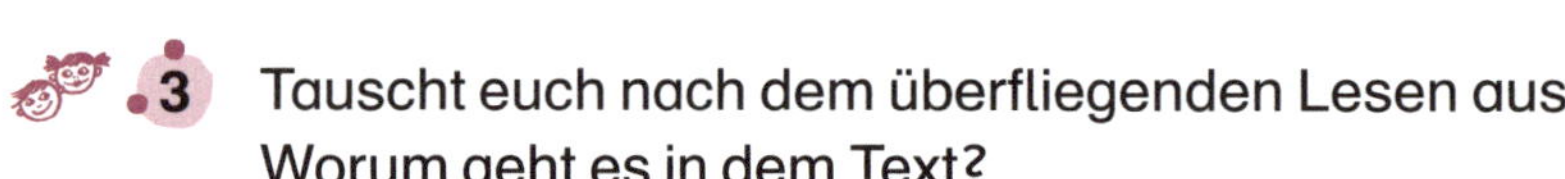

3 Tauscht euch nach dem überfliegenden Lesen aus.
Worum geht es in dem Text?

4 Übt noch einmal das überfliegende Lesen:
Ein Kind fliegt mit den Augen über den Text und versucht,
so schnell wie möglich alle Wörter zu lesen, in denen
Delfin vorkommt. Das andere Kind stoppt die Zeit.

Anzahl der Delfin-Wörter:

5 Wann kann euch das überfliegende Lesen helfen? Notiert eure Ideen.

____

____

Über Leseerfahrungen sprechen

1 Lies die Sprechblasen. Worüber sprechen die Kinder?

2 **Was** liest du gern? **Warum**? **Was** liest du **nicht** gern? **Warum nicht**?
Wo und **wann** liest du am liebsten? Beantworte diese W-Fragen.
Schreibe so: Was: Ich lese gern …

3 Stellt euch gegenseitig die Antworten auf eure W-Fragen vor.

4 Tauscht euch über eure Leseerfahrungen aus.
Welche Erfahrungen sind ähnlich? Welche sind unterschiedlich?

Bringt eure Lieblingsbücher mit und gestaltet eine Ausstellung.

1 Welche Medien sind hier abgebildet? Ordne die Buchstaben zu.

☐ Artikel auf einer Webseite	☐ Sachbuch
☐ Podcast	☐ Kinderbuch

Ein Zahnarzt hätte beim Narwal nicht viel zu tun. Dieser seltsame Wal hat nämlich nur zwei Zähne. Der linke davon fängt bei jungen Männchen an zu wachsen und wächst immer weiter. Bis er bei einem ausgewachsenen Narwal knapp drei Meter lang ist. Mit dem Zahn als Waffe können sich die Narwale gegen Feinde wehren.

Sylvia Englert **A**

„Was hat denn der Wal hier verloren?", rief Hannah plötzlich. Sie zeigte auf das große Plakat an der Wand. Stimmt, darüber hatte Lena gestern zu Hause auch gerätselt. Die Verkäuferin lächelte: „Eine Urlaubs-erinnerung." Hannah riss die Augen auf. „Du warst im Urlaub mit den Walen schwimmen?"

Stephan Sigg **B**

„Wisst ihr, warum die Narwale auch ‚Einhörner der Meere' genannt werden? Das liegt an dem langen Stoßzahn, der aussieht wie ein Horn. Im Mittelalter erzählten sich die Menschen Geschichten über Einhörner. Ihr Horn sollte magische Kräfte haben. Deshalb wollten viele Menschen so ein Horn haben.
Das nutzten manche Händler aus: Sie verkauften den Menschen einfach die Zähne von Narwalen und wurden sehr reich." **C**

Narwal (*Monodon monoceros*)
Familie: Gründelwale (*Monodontidae*)
Der Narwal lebt in der Arktis. Er ist ein Säugetier und gehört zu den Zahnwalen. Ein Narwal ernährt sich von Fischen, Tintenfischen, Krebsen und Garnelen. Er findet seine Nahrung tief unten auf dem Meeresboden. **D**

 **2** Ihr möchtet einen Sachtext über den Narwal schreiben.
In welchen Medien aus Aufgabe 1 findet ihr passende Informationen?

Passende Informationen über den Narwal finden wir in _________________________________

____

Sammelt weitere Informationen über den Narwal.
Welche Medien könnt ihr dafür nutzen?

Einen Sachtext schreiben

1 Lest den Steckbrief. Klärt unbekannte Wörter.

Steckbrief

Name: Narwal („Einhorn des Meeres")

Gruppe: Zahnwale

Größe: bis zu 5 m

Aussehen: weißer oder brauner Körper
mit grauen und
braunen Flecken,
dunkler Kopf,
keine Finne, dafür mehrere flache Höcker

Alter: bis zu 40 Jahre

Lebensraum: Polarmeer (Arktis)

Nahrung: Tintenfische, Krabben, Garnelen und Fische

Natürliche Feinde: Schwertwale und Eisbären

Besonderheiten: die Männchen tragen einen spiralförmigen,
bis zu 3 m langen Stoßzahn aus Elfenbein

2 Lies die Schreibtipps für einen Sachtext.

3 Schreibe auf die Rückseite einen Sachtext über Narwale. Nutze dazu die Informationen aus dem Steckbrief. Beachte dabei die Tipps.

4 Lest euch gegenseitig eure Sachtexte vor. Kreuzt auf der Prüfliste an, was beachtet wurde. Überarbeitet eure Texte, falls es notwendig ist.

5 Schreibe einen Sachtext über einen anderen Wal.
Oder: Schreibe einen Sachtext zu deinem Lieblingstier. Fertige zuerst einen Steckbrief an.

Ich schreibe einen Sachtext über:

____

____

> **Tipp**
>
> - Schreibe sachlich und ohne Ausschmückungen.
> - Verwende alle Stichworte von oben nach unten.
> - Mache nach jedem Sinnabschnitt einen Absatz.
> - Schreibe im Präsens.
> - Schreibe vollständige Sätze.

Der Narwal
Der Narwal wird auch
„Einhorn des Meeres"
genannt.

- [ ] sachlich geschrieben
- [ ] keine Ausschmückungen verwendet
- [ ] alle Stichworte von oben nach unten verwendet
- [ ] die Reihenfolge eingehalten
- [ ] nach jedem Sinnabschnitt einen Absatz gemacht
- [ ] in der Zeitform Präsens geschrieben
- [ ] auf vollständige Sätze geachtet

Einen Comic fortsetzen

1 Lies den Comic. Wie könnte er weitergehen?

2 Zeichne und schreibe den Comic zu Ende.

3 Zeichne und schreibe einen eigenen Wal-Comic.
Oder: Erstelle einen eigenen Wal-Comic am Tablet.

Stellt eure Wal-Comics zu einem Comic-Heft zusammen.

Verben mit Wortbausteinen

1 Sieh dir die Bausteine an. Welche Verben kannst du bilden?

abtauchen,

2 Bilde mit den Wortbausteinen neue Verben. Schreibe nur sinnvolle Verben auf.
Achtung! Ein Verb ergibt keinen Sinn.

| an | ent | auf | **halten** | | ver | ent | unter | **nehmen** |
| ab | zer | ver | **wehren** | | zer | ein | aus | **quetschen** |

anhalten,

3 Schreibe die Verben in der Grundform und in allen
Personalformen im Präsens auf.
Schreibe so: untertauchen: ich tauche unter, du …

untertauchen • aufpassen • zerreißen

Diesen Wortbaustein kann ich nicht abtrennen: _____________

4 Finde zu jedem Verb zwei verschiedene Wortbausteine.
Schreibe mit jedem neuen Verb einen sinnvollen Satz.
Schreibe so: Pottwale halten die Luft an. Sie halten den Wasserdruck aus.

halten • fressen • fallen • geben • steigen

Merksatz

Wortbausteine können getrennt vom Verb stehen.
*an*greifen – er greift *an*, wir greifen *an*
*ent*kommen – ich *ent*komme, ihr *ent*kommt

1 Lies die Sätze. Schreibe die farbigen Verben im Futur auf.

Ein Blauwalbaby wird etwa ein Jahr lang im Bauch
seiner Mutter wachsen. Das Junge wird
mit dem Schwanz voran auf die Welt kommen.
Das Baby wird schon sieben Meter lang sein.
Es wird mehr wiegen als ein Elefant.

es wird wachsen,

____

____

2 Lies die Sätze. Markiere die Verben im Futur.
Schreibe sie dann auf.

Das Blauwalbaby wird sofort auftauchen.
Dann wird das Baby Luft holen.
Das Baby wird anschließend wieder abtauchen.
Unter Wasser wird es sich an der Seite der Blauwalmutter wohlfühlen.
Es wird an den Zitzen seiner Mutter trinken.
Die Mutter wird ihm dabei helfen.
Sie wird ihrem Jungen die Milch ins Maul spritzen.
Das Junge wird dicht bei der Mutter schwimmen.
Dort wird es sicher sein. So werden sie gemeinsam
im großen Weltmeer herumschwimmen.
Oft werden auch die verwandten Blauwale bei ihnen sein.

wird auftauchen,

____

____

____

____

Merksatz

Verben in der Zeitform Futur drücken aus, was in der Zukunft sein wird.
du **wirst schwimmen**   *ihr* **werdet schwimmen**

3 Schreibe die Verben in der Grundform und in allen Personalformen im Futur auf.

tauchen – ich werde tauchen, du

4 Markiere die Verbformen in den passenden Farben
und ordne sie dann in die Tabelle ein.

Grundform	Futur	Präsens	Präteritum
	ich werde bleiben		

Wortfamilien

1 Die Wörter im Kasten gehören zur gleichen Wortfamilie.
In jedem Wort ist der Wortstamm markiert.
Seht euch die Wörter an.
Was fällt euch auf?

> fressen • sie haben gefressen • der Vielfraß
> ich fresse • sie fraßen • du frisst • ihr fresst
> der Fraß • der Fressnapf • es fraß • ausfressen

2 Markiere den Wortstamm in allen Wörtern
einer Wortfamilie in der gleichen Farbe.
Ordne die Wörter dann nach ihren Wortfamilien.

> du kannst • die Möglichkeit • mögen • er kann • er wird können
> das Vermögen • sie mochten • sie konnten • möglich • ihr mögt
> du konntest • sie mag • können • ich habe gekonnt

könn: du kannst,

____

mög: _______________________________________

____

____

3 Markiere den Wortstamm in allen Wörtern einer Wortfamilie in der gleichen Farbe.

> der Riss • abschließen • er isst • zerrissen • sie haben gegessen
> geschlossen • es riss • essbar • abreißen • der Esslöffel • schließen
> das Schloss • reißen • sie aßen • sie schließt zu • das Abendessen

4 Findet mindestens vier Wörter zu jeder Wortfamilie. Markiert den Wortstamm.
Schlagt auch in der Wörterliste oder im Wörterbuch nach.
Schreibt so: mess: das Maßband, …
          halt: …
          trink: …

Wähle eine Wortfamilie von dieser Seite. Schreibe möglichst viele
Quatschwörter zu dieser Wortfamilie auf.
Schreibe so: könn: Könnung, verkönnen, …

Verben mit ieren

1 Lies den Text. Sprich die farbigen Verben besonders deutlich.
Markiere die Endung **ieren**.

Die Kinder der Klasse 4a diskutieren darüber, wie man Wale
schützen kann. Einige Kinder möchten beim Schulfest
eine Ausstellung organisieren. Sie wollen Plakate gestalten
und diese den Eltern und Kindern präsentieren. Mit den Plakaten
5 wollen sie darüber informieren, warum Wale gefährdet sind.
Fatma, Marek und Tara möchten einen Stand dekorieren und
Kuchen verkaufen. Das Geld wollen sie für den Walschutz spenden.
Jonas wird alle Aktionen für die Klassenzeitung fotografieren.
Tim und Lena möchten für mehr Umweltschutz demonstrieren.
10 „Wenn es im Meer nicht mehr so viel Müll gibt, dann hilft das auch
den Walen", sagt Tim. Kim und Luca interessieren sich sehr für Wale.
Sie wollen später Meeresbiologie studieren und sich dann
für den Schutz der Wale einsetzen.

2 Wähle fünf Verben aus Aufgabe 1 aus. Schreibe die Verben in allen Personalformen
im Präsens auf. Schreibe so: diskutieren: ich diskutiere, du …
Oder: Schreibe die Verben in allen Personalformen im Präteritum auf.
Schreibe so: diskutieren: ich diskutierte, du …

**3** Die Endung **ieren** macht aus Nomen Verben.
Verwandle diese Nomen in Verben. Benutze dazu die Endung **ieren**.

der Schock • die Adresse • der Alarm
der Transport • das Experiment
die Markierung • die Probe

der Schock – schockieren, _______________________

____

____

____

**4** Findet die Nomen zu diesen Verben.
Schlagt dazu in der Wörterliste oder im Wörterbuch nach.

addieren   subtrahieren   multiplizieren   dividieren

Gewusst wie: Fehlerwörter üben

So kannst du Fehlerwörter mit dem **Trainingskasten** üben:

Schreibe dein **Fehlerwort** richtig **auf** eine **Karte**.

Wiederhole Schritt 1 für alle Fehlerwörter.
Stecke die Karten dann in das **erste Fach** deines Trainingskastens.

Ziehe eine Karte aus dem ersten Fach. **Sieh dir das Wort an** und **merke** dir seine **Schreibweise**.
Schreibe das Wort auswendig **auf**.

Kontrolliere das Wort mithilfe der Karte. Ist das Wort **richtig**? Schreibe ein **großes A auf die Karte** und stecke sie in **Fach A**.
Ist das Wort **falsch**? **Schreibe es noch einmal** richtig auf. Stecke die Karte zurück in das **erste Fach**.

Hast du ein Wort aus Fach A wieder richtig geschrieben, schreibe ein **großes B** neben das A. Stecke die Karte dann in **Fach B**. So wandert dein Wort weiter bis in Fach E.
Hast du einen Fehler gemacht? Dann bleibt das Wort so lange in dem Fach, bis du es richtig geschrieben hast.

Was ist wichtig, wenn du eigene Fehlerwörter üben willst? Kreuze an.

- ☐ Ich schreibe mein Fehlerwort auf eine Karte.
- ☐ Wenn ich das Wort richtig geschrieben habe, wandert die Karte ins nächste Fach.
- ☐ Ich werfe die Karte weg und übe nicht weiter, wenn ich einen Fehler hatte.

1 Jonas hat einen Text über den Blauwal geschrieben.
Er hat schon drei Fehlerwörter in seinem Text gefunden.
Lies den Text genau. Finde acht weitere Fehler und markiere sie.

größte

Der Blauwal ist das gröste Tier auf unserer Erde. Er wirt bis zu 33 Meter lang

und er wigt bis zu 20.000 kg. Der Blauwal gehört zu den Bartenwalen.

Er frist Krill. Dabei schwimmt er mit weit aufgerissenem Maul.

Das ist dan so risig wie ein Zimer. Der Wal schliest dann sein Maul und drückt

mit seiner Zunge das Merrwasser durch die Barten hinaus.

Der Krill bleibt in den Barten hengen und wird hinuntergeschlukt.

2 Schreibe jedes Fehlerwort richtig auf. Nutze dazu die freien Zeilen.

3 Schreibe jedes Fehlerwort richtig auf eine Karte.
Die Wörterliste kann dir helfen.

4 Wähle mindestens fünf Karten aus Aufgabe 1 aus und lege sie
auf einen Stapel. Ziehe eine Karte. Sieh dir das Wort an
und merke dir seine Schreibweise. Schreibe das Wort auswendig auf.

5 Kontrolliere das Wort mithilfe der Karte.
Ist das Wort richtig? Schreibe ein großes A auf die Karte
und stecke sie in Fach A deines Trainingskastens.
Ist das Wort falsch? Schreibe es noch einmal richtig auf.
Stecke die Karte zurück in das erste Fach
deines Trainingskastens.

6 Übe nun die anderen Wörter aus deinem Stapel.
Gehe vor wie in Aufgabe 2 und 3.

Das kann ich schon

Die Kinder der 4b informieren sich über Wale. Wale sind riesige Säugetiere, die sich im Wasser aufhalten. Sie existieren seit etwa zwei Millionen Jahren.
Wie andere Säugetiere saugen Walkälber nach der Geburt Muttermilch. Da Wale unter Wasser nicht atmen können, müssen sie dazu auftauchen. An der Wasseroberfläche können sie Luft einatmen. Die meisten Wale leben in großen Gruppen zusammen. Eine Walgruppe nennt man Schule. Wale haben eine eigene Sprache, in der sie miteinander kommunizieren. Sie besteht aus verschiedenen Lauten und Gesängen. Die Botschaften der Wale werden durch den Schall übertragen. Er trägt die Nachrichten meilenweit durch das Meer.
Wale senden auch Klicklaute aus, um sich in ihrer Umgebung zu orientieren.

Verben mit Wortbausteinen

Übungswörter

1 Schreibe die Verben in der Grundform und in allen Personalformen auf.

ansagen · zerstören · verschenken · einkaufen

ansagen: ich sage an,

die Geburt
der Gesang
das Säugetier
das Walkalb
die Wasseroberfläche
sich aufhalten
auftauchen
einatmen
existieren
sich informieren
kommunizieren
sich orientieren
übertragen
meilenweit

miteinander
seit
unter

Diese Seite fand ich:
○ leicht   ○ mittel   ○ schwer

143"

2 Lies den Text. Markiere die Verben im Futur. Schreibe sie dann auf.

Am Nachmittag ==wird== Sofie ihren Freund Emil ==besuchen==.
Dann werden sie draußen Inlineskates fahren. Das wird
viel Spaß machen. Es wird aber auch sehr anstrengend sein.
Am Kiosk werden die Freunde ein großes Eis kaufen.
Das Eis werden sie in der Sonne essen. Danach werden sie
nach Hause zurückfahren. Am Abend werden sie im Garten
ein Lagerfeuer machen. Dann werden sie Würstchen
ins Feuer halten. Lecker! Nach so einem anstrengenden Tag
wird Sofie sicher schnell einschlafen.

wird besuchen, ________________________________

____

____

3 Schreibe die Verben in der Grundform und in allen Personalformen im Futur auf.

bleiben • spielen • sein • vorschlagen

bleiben: ich werde bleiben, _______________________

____

____

____

____

____

____

____

____

____

4 Ordne die Wörter nach ihren Wortfamilien. Markiere den Wortstamm.

er fährt • träumen • der Traum • fahren • die Räume • sie ist gefahren
verträumt • wegräumen • die Träume • der Weltraum • gefährlich
die Vorfahrt • das Fahrrad • traumhaft • einräumen • aufräumen
die Busfahrerin • der Raum • räumlich • der Albtraum • das Raumschiff

fahr: er fährt, ____

____

____

traum: ____

____

____

raum: ____

____

____

5 Finde weitere Wörter der Wortfamilie **fahr**.

____

____

____

____

____

____

____

Verben mit ieren

 **6** Verwandle diese Nomen in Verben. Benutze dazu die Endung **ieren**.

der Fotograf • das Telefon • das Interesse • die Nummer • die Kasse
der Kommentar • die Information • die Probe • das Experiment
die Funktion • die Kontrolle • die Konzentration • die Präsentation

der Fotograf – fotografieren,

Alle Strategien üben

Markiere die Fehlerwörter. Schreibe die passenden Strategiezeichen darüber.

Walle sind sehr interesante Seugetiere.

sogar in der Ostse kommen sie for. (6)

Schreibe nun beide Sätze richtig auf.

Mein Fahrrad

klingeln

● Fahrradhelm

● Pedale

kaputt

bremsen

● Fahrradweg

● Unfall

sportlich

abbiegen

● Lenker

● Verbot

verkehrssicher

reflektieren

Übe die Wörter auf der Rückseite.

rostig

Alles richtig?

Hier schreibe ich Wörter, Texte, Ideen und Fragen zum Bild auf.

Das verkehrssichere Fahrrad

1	Rahmen	**2**	Lenker	**3**	Gabel	**4**	Felge
5	Mantel	**6**	Ventil	**7**	Schlauch	**8**	Speichen
9	Nabe	**10**	Pedale	**11**	Reflektor	**12**	Bremse
13	Schutzblech	**14**	Kettenschutz					

Die Erfindung des Fahrrads

1815 gab es auf der indonesischen Insel Sumbawa einen Vulkanausbruch.
Große Mengen Asche wurden in die Luft gepustet. Selbst in ganz Europa wurde
dadurch das Wetter schlecht. Das schlechte Wetter zerstörte die Ernte der Bauern.
Das wenige Getreide, das es noch gab, war sehr teuer.

5 Viele Menschen konnten es sich nicht mehr leisten,
damit ihre Pferde zu füttern. Und so hat der Vulkanausbruch
etwas mit der Geschichte des Fahrrads zu tun. Denn angeblich
überlegte sich der Tüftler Karl Drais aus Mannheim, wie man sich
auch ohne Pferde schnell fortbewegen kann. Und so

10 erfand er ein Laufrad aus Holz. Am 12. Juni 1817 staunten
die Mannheimer nicht schlecht, als Drais mit seinem Laufrad
die erste Fahrt nach Schwetzingen unternahm.
Das war die Geburtsstunde des Fahrrads.

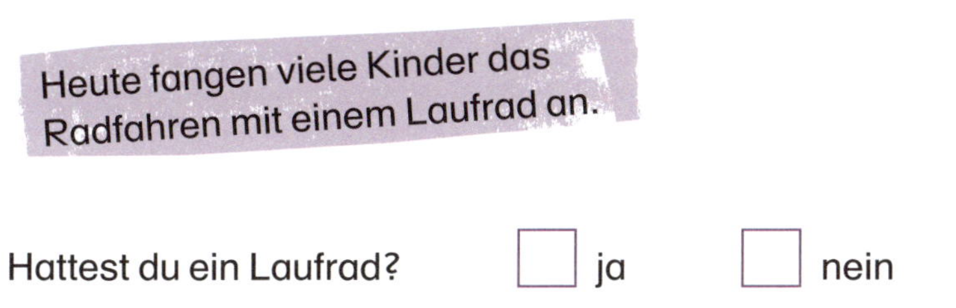

Hattest du ein Laufrad? ☐ ja ☐ nein

Ein Kinderbuch lesen

Darauf radeln wir
In der Halfpipe der Hit – im Straßenverkehr nicht.
Ein BMX, Kurzform von „Bicycle Moto Cross",
ist ganz und gar nicht verkehrssicher.

Mit bis zu 36 Gängen kommt man mit dem
5 Mountainbike auf jeden Hügel. Besonders in
unwegsamem Gelände punkten seine dicken
Stollenreifen.

Wer es schnell mag, steigt aufs Rennrad.
Schmale Reifen und ein leichter Rahmen machen es
10 zum Leichtgewicht der Fahrradtypen.

Die Zukunft wird elektrisch
Jedes dritte Erwachsenenrad könnte bald ein Elektrorad sein, also ein E-Bike
oder Pedelec. Pedelecs unterstützen den Fahrer nur dann mit einem Motor,
wenn dieser auch in die Pedalen tritt. Sie beschleunigen mit Motorkraft
auf bis zu 25 Kilometer pro Stunde. Bei einem E-Bike startet der Motor
15 durch einen Drehgriff oder Schaltknopf. Sie gelten nicht als Fahrräder,
sondern als Kleinkraftrad, und ihr Fahrer braucht in der Regel mindestens
einen Mofa-Führerschein. Auf Radwegen dürfen sie nur dann fahren,
wenn es das Zusatzschild „Mofas frei" gibt.
Eingebaute Navigationssysteme, die das Handy mit dem Fahrrad verbinden
20 und die Richtung vorgeben, gibt es für E-Bikes bereits. Hersteller tüfteln nun
an sogenannten Smartbikes, die sich automatisch bei einer Werkstatt melden,
wenn die Bremsen verschlissen sind, und nach einem Unfall einen Notruf absetzen.

Sarah Marquardt ◈

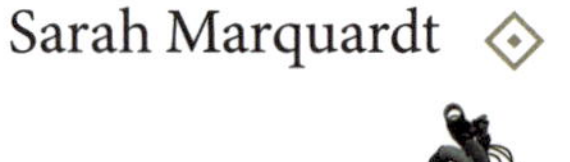

Verkehrszeichen lesen

1 Seht euch die Verkehrszeichen an. Welche dieser Verkehrszeichen findet ihr auf eurem Schulweg? Kreuzt an.

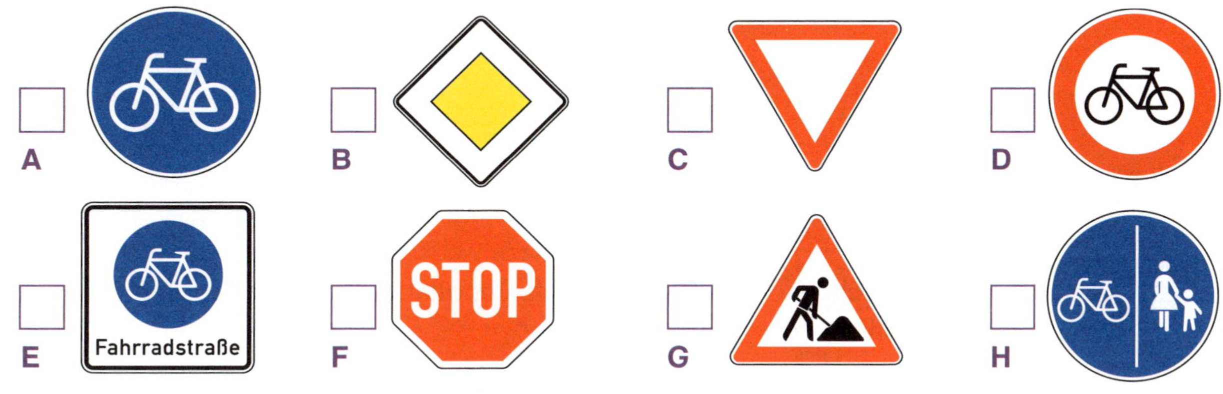

2 Ordne den Verkehrszeichen die passende Bezeichnung zu.

G Achtung, Baustelle!   Radweg   Verbot für den Radverkehr

Vorfahrt gewähren   Fahrradstraße   Vorfahrtsstraße

Halt! Vorfahrt gewähren   Getrennter Rad- und Gehweg

3 Löse die Rätsel. Welche Zeichen aus Aufgabe 1 sind gemeint?

Mein Verkehrszeichen ist ein dreieckiges Vorschriftszeichen. Es schreibt vor, dass man anderen Vorfahrt gewähren muss.

Mein Verkehrszeichen ist ein Verbotszeichen. Es bedeutet, dass man in diese Straße nicht mit dem Fahrrad hineinfahren darf.

4 Schreibe zu drei anderen Verkehrszeichen aus Aufgabe 1 ein Rätsel.
Oder: Überlege dir Rätsel zu weiteren Verkehrszeichen.

Farben und Formen haben bei Verkehrszeichen eine Bedeutung. Welche Karten gehören zusammen? Verbinde.

Rot und rund   Verbot   Hier musst du aufpassen.

Rot und dreieckig   Vorschrift   Hier darfst du etwas nicht tun.

Blau   Gefahr   Hier sollst du etwas tun.

Zu einem Text Stellung nehmen

1 Lies die Überschrift. Betrachte das Bild.
Worum geht es wohl?

____

____

2 Lies den ersten Abschnitt des Textes. Beachte vor allem die markierten Gründe,
die für eine Helmpflicht sprechen.

> **Helmpflicht – ja oder nein?**
> In Deutschland müssen Radfahrer keinen Helm aufsetzen.
> Sollte man das ändern und eine Helmpflicht einführen?
> Fahrradhelme schützen. Das ist sicher. Ärzte, die Verletzte nach
> einem Unfall behandeln, setzen sich deshalb dafür ein, dass Radfahrer
> einen Helm tragen müssen. Stürzt ein Radfahrer ohne Helm, gibt es oft
> schwere Verletzungen am Kopf. Inzwischen gibt es viele coole Modelle,
> sodass man auch mit Helm gut aussieht.

 **3** Könnt ihr die Gründe für eine Helmpflicht nachvollziehen?
Tauscht euch aus.

4 Lies nun die Fortsetzung des Textes.
Markiere selbst Gründe, die gegen eine Helmpflicht sprechen.

> Manche Leute finden, dass ein Helm unbequem ist oder die Frisur
> kaputt macht. Man hat ihn auch nicht immer dabei. Deshalb sind sie
> gegen eine Helmpflicht.
> In den Niederlanden gibt es auch keine Helmpflicht. Dort passieren
> aber weniger Fahrradunfälle als in Deutschland, denn dort gibt es sehr
> gut ausgebaute Radwege. Daher sagen einige Leute, dass sie sich keine
> Helmpflicht wünschen, sondern verbesserte Radwege.
> Sollte man aber nicht beides tun? Für sichere Radwege sorgen und
> trotzdem einen Helm aufsetzen?

5 Helmpflicht – ja oder nein? Diskutiert darüber in der Gruppe.
Begründet eure Meinung. Hat sich eure Meinung geändert,
nachdem ihr den zweiten Teil des Textes gelesen habt?

Aussagen begründen

1 Lies die Aussagen der Kinder. Welche Begründungen findest du sinnvoll?
Welche nicht? Markiere in verschiedenen Farben.

2 Wie kommt ihr zur Schule? Tauscht euch darüber aus.
Begründet eure Aussagen.

3 Wie ist die Verkehrssituation vor Schulbeginn an eurer Schule?
Beschreibt typische Situationen.

Was könnt ihr tun, um die Verkehrssituation vor Schulbeginn
zu verbessern? Überlegt gemeinsam.

Witze spielen

1 Lies die Witze. Welcher Witz gefällt dir am besten?

A Ein Mann rennt völlig außer Atem zum Bootssteg, wirft seinen Koffer
auf das drei Meter entfernte Boot, springt hinterher, zieht sich mit letzter
Kraft über die Reling und schnauft erleichtert: „Geschafft!"
Einer der Seeleute: „Gar nicht so schlecht, aber wieso haben Sie nicht
gewartet, bis wir anlegen?"

B Die Polizistin ermahnt den Radfahrer:
„Wenn das Licht nicht geht, absteigen!"
„Hab ich schon probiert, aber das Licht geht trotzdem nicht."

C Im Sportunterricht. Die Schüler liegen rücklings
auf dem Boden und strampeln mit den Beinen.
Die Übung nennt sich Radfahren.
Jule, die einfach nur regungslos auf dem Rücken
liegt, wird vom Lehrer ertappt. „Hey, Jule, warum
machst du denn nicht mit? Du könntest dich ruhig
ein bisschen anstrengen!"
Jule trocken: „Ich fahre bergab!"

D Im Bus sitzt ein Mädchen
mit einer Schnupfennase.
Feiner Herr neben ihr: „Sag
mal, hast du denn gar kein
Taschentuch, Mädchen?"
Mädchen: „Schon, aber ich
verleihe es nicht."

2 Wählt einen Witz aus. Lernt ihn auswendig. Übt, den Witz zu spielen

Wir haben uns für Witz ☐ entschieden.

Soll es einen Erzähler oder eine Erzählerin geben? ☐ ja ☐ nein

Diese besonderen Gegenstände oder Verkleidungen brauchen wir:

____

____

3 Gebt euch gegenseitig Tipps, wie ihr sprechen und spielen könnt.
Probiert verschiedene Möglichkeiten aus.

sehr langsam   schnell   Tempo steigern   übertrieben deutlich sprechen

4 Spielt den Witz vor. Sprecht dabei laut und deutlich.
Achtet darauf, dass ihr dem Publikum nicht den Rücken zuwendet.

Präpositionen verwenden

1 Seht euch das Bild an. Was könnt ihr alles entdecken?

2 Finde die farbig gedruckten Personen, Tiere, Fahrzeuge und Gegenstände im Bild.
Kreise sie dort ein.

Der Angler steht __im__ Fluss.

Tinto sitzt _____________ dem Laster.

Die Musiker stehen _____________ dem Dach.

Die Hunde rennen _____________ den Park.

Das Planetarium ist _____________ der Bäckerei.

Das Kino ist _____________ vom Turmtheater.

Der Kinderwagen steht _____________ der Gärtnerei.

Das Schiff fährt den Fluss _____________.

Der Radfahrer fährt _____________ Brunnen vorbei.

3 Setze die Wörter aus dem Kasten passend in die Sätze von Aufgabe 2 ein.

hinter • neben • im • am • durch • entlang • auf • rechts • unter

4 Schreibe weitere Sätze zum Bild. Nutze die Präpositionen im Kasten.
Schreibe so: Der Fallschirmspringer fliegt über …

über • bei • zwischen • im • vor • am • gegenüber • neben • hinter • auf • links

Einen Weg beschreiben

1 Sieh dir das Bild von Seite 153 noch einmal genau an.
Wo steht Jonas? Kreise ihn ein.

Er steht ____

2 Tim hat Jonas eine Nachricht mit einer Wegbeschreibung geschickt.
Lies die Wegbeschreibung. Zeichne den Weg, den Jonas gehen muss,
auf dem Bild von Seite 153 ein. Was hat Tim wohl geplant?

> Überquere den Steg und gehe auf das Café zu. Gehe nach
> rechts, bis du zum Kino kommst. Gehe links weiter, am Kino
> und am Eingang des Turmtheaters entlang. Biege an der Ecke
> rechts ab. An der nächsten Kreuzung gehst du nach links und
> läufst auf dem Gehweg gegenüber vom Megamarkt weiter.
> Überquere die nächste Straße und gehe geradeaus weiter.
> Nach etwa 100 Metern kommst du auf die Brücke,
> die über den Fluss führt. Dann siehst du auf der linken Seite
> ein hohes Gebäude mit einer Kuppel. Dort werde ich am
> Eingang auf dich warten.

Tim will ____

3  Beschreibt euch gegenseitig weitere Wege, die die Personen im Bild
von Seite 153 gehen können.
Zeigt, wie sie gehen müssen.

4  Sarah ist auf dem Minigolfplatz.
Sie will zur Bäckerei.
Schreibe auf, wie sie gehen muss.
Nutze dazu den Tipp
und die Verben im Kasten.
Schreibe so: *Gehe zuerst nach …*

> gehe zuerst · folge · biege ab
> gehe entlang · halte dich …
> überquere · wende dich …

 Schreibe einem Partnerkind eine
Wegbeschreibung von dessen
Zuhause zu dem Zuhause eines
anderen Kindes aus eurer Klasse.
Kann dein Partnerkind erraten,
zu wem es gehen soll?

Tipp

- Benenne Straßen und Plätze,
  wenn du ihre Namen kennst.
- Beschreibe Richtungen und
  Richtungswechsel.
  Nutze dazu Präpositionen, zum
  Beispiel **rechts**, **links**, **vor**, **hinter**,
  gegenüber, **neben**, **über**, **unter**.
- Bezeichne wichtige
  Orientierungspunkte.
- Halte die richtige Reihenfolge ein.
- Schreibe im Präsens.

Aus Verben werden Nomen

1 Lies die Sätze. Was fällt dir bei den farbigen Wörtern auf?

☐ Einmal ist das gleiche Wort groß-, einmal kleingeschrieben.

☐ Mir fällt nichts auf.

Die Verben sind ☐ grün ☐ rot.

Die Nomen sind ☐ grün ☐ rot.

Wir fahren gern mit dem Fahrrad.

Das Fahren mit dem Rad macht Spaß.

Wir planen eine Radtour.

Das Planen ist schnell erledigt.

2 Markiere im ersten Satz das Verb.
Markiere im zweiten Satz das Nomen, das aus dem Verb entsteht.

Gemeinsam packen wir.

Beim Packen hilft uns Papa.

Mama sagt: „Alle aufsteigen!"

Beim Aufsteigen falle ich fast um.

Die Kinder rasen sofort los.

Das Rasen hört aber schnell auf.

Wir wollen unterwegs picknicken.

Beim Picknicken ruhen wir uns aus.

3 Schreibe die Sätze richtig ab.
Achtung! Schreibe das Nomen groß und das Verb klein.

Gemeinsam packen wir. Beim Packen

Merksatz

Aus Verben werden Nomen (Substantive), wenn man **das**, **zum** oder **beim**
vor ein Verb setzt. Nomen (Substantive) werden großgeschrieben.
*Ich **fahre** Rad. **Das Fahren** macht Spaß.*
***Zum Fahren** trage ich einen Helm. **Beim Fahren** muss ich aufpassen.*

.4 Setze jedes Wort in die Sätze ein. Einmal als Verb (kleingeschrieben), einmal als Nomen (großgeschrieben).

Wir __beraten__________, welche Strecke wir fahren wollen.

Beim ___________________ hilft uns unsere Radkarte.

> BERATEN

Meine Schwester und ich ___________________ neue Räder.

Unsere Mutter begleitet uns zum ___________________.

> KAUFEN

Das ___________________ ist anstrengender, als mit dem Rad zu fahren.

Deshalb will ich nicht zur Schule ___________________.

> LAUFEN

Wir ___________________ nur zum Spaß.

Zum ___________________ nehmen wir die neuen Fahrradglocken.

> KLINGELN

.5 Verb oder Nomen? Setze die Wörter aus dem Kasten passend in die Sätze ein.

> FAHREN · NEHMEN · KOMMEN · ABBIEGEN
> ABBIEGEN · AUFPASSEN · SAUSEN · TRINKEN · FAHREN

Da das __Fahren__________ durstig macht, ___________________

wir viel Wasser mit. Wir ______________ zuerst durch ein Dorf.

Dann müssen wir in den Waldweg ___________________.

Beim ___________________ müssen wir gut ___________________.

Rasant ______________ wir den Waldweg entlang. Was für ein Spaß!

Zum ______________ halten wir lieber an. Dann ______________ wir weiter.

Lies die Sätze. Schreibe nur die richtigen Sätze ab.

Nomen und Verben unterscheiden sich nicht.
Aus einem Verb kann ein Nomen werden.
Ich entscheide selbst, ob ich ein Verb groß- oder kleinschreibe.

____

Die Fälle des Nomens

1 Lies die Sätze. Was fällt dir an den farbigen Wörtern auf?
Kreuze an.

Das verkehrssichere Fahrrad

Der Polizist kontrolliert die Fahrräder.

Der Stift des Polizisten schreibt nicht.

Tim gibt dem Polizisten einen neuen Stift.

Die Lehrerin fragt den Polizisten:

„Sind alle Fahrräder verkehrssicher?"

☐ Die Wörter sind immer gleich.　　　☐ Das Wort Polizist ändert sich am Ende.

☐ Vor Polizist stehen andere Artikel.　☐ Das Fahrrad ist verkehrssicher.

2 Markiere in den Fragen das Fragewort. Beantworte die Fragen.
Schreibe dazu, in welchem Fall die Antwort steht. Der Merksatz hilft dir.

Wer oder was kontrolliert die Fahrräder?

Der Polizist. Wer-Fall (Nominativ)

Wessen Stift schreibt nicht?

____

Wem gibt Tim einen neuen Stift?

____

Wen oder was fragt die Lehrerin?

____

Merksatz

Das Nomen (Substantiv) kann im Satz in vier Fällen vorkommen.

Wer-Fall (Nominativ):	*der Polizist*
Wessen-Fall (Genitiv):	*des Polizisten*
Wem-Fall (Dativ):	*dem Polizisten*
Wen-Fall (Akkusativ):	*den Polizisten*

3 Frage nach den markierten Wörtern.
Ergänze, in welchem Fall die Antwort steht.

Wer oder was?   **Wem?**   **Wen oder was?**   **Wessen?**
Der Polizist erklärt den Kindern die Bedeutung des Verkehrszeichens.

Wer oder was erklärt den Kindern die Bedeutung des Verkehrszeichens? Der Polizist. Wer-Fall (Nominativ)

____

____

____

____

____

____

____

4 Lies die Sätze. Frage nach den farbigen Wörtern. Schreibe die Fragen
und Antworten auf. Ergänze, in welchem Fall die Antwort steht.

Die Kinder freuen sich. Sie beobachten den Polizisten. Sarahs Fahrrad
ist verkehrssicher. Der Polizist gibt dem Mädchen die Plakette.

Wer oder was freut sich?
Die Kinder. Wer-Fall (Nominativ)

____

____

____

____

Wörter mit V oder v 

1 Lies den Merkspruch. Markiere alle **V**, **v**. Lerne ihn auswendig.

vor und **ver**
schreibt jeder Herr
und jede Frau
mit Vogel-V.

2 Lies die Wörter im Kasten. Markiere alle Wörter im Kasten,
die zum Merkspruch aus Aufgabe 1 passen.

Vogel · verbieten · Kurve · Advent · vergessen · verlieren · nervös · Wettervorhersage
vom · Virus · Veranstaltung · Versteck · verrückt · Vollmilch · Vorrat · Verbrennung
Olive · violett · Vorgang · Veilchen · Vorname · Vampir · vorsichtig · Silvester · davor
Klavier · Verlust · Lokomotive · versuchen · vier · viel · Verpackung · versprechen
brav · vielleicht · Vase · Verkehr · verbrauchen · Vater · Vorfahrt · verwandt · Vorteil
November · Verrat · Ventil · von · vorne · Verkäufer · voraus

3 Schreibe die markierten Wörter auf. Markiere **Vor**, **vor** oder **Ver**, **ver**.

verbieten,

4 Schreibe nun die übrigen Wörter aus dem Kasten auf. Sortiere sie nach
der Anzahl ihrer Buchstaben. Markiere **V** oder **v**.
Schreibe so: drei Buchstaben: vom, …

Wie viele Buchstaben hat das …

längste Wort? ☐ Buchstaben   kürzeste Wort? ☐ Buchstaben

5 Lass dir alle Wörter von einem Partnerkind diktieren. Kontrolliere.
Trainiere falsch geschriebene Wörter mit dem Trainingskasten.

Schreibe witzige Sätze mit möglichst vielen Wörtern mit **V** oder **v**.
Oder: Schreibe einen langen Satz, in dem alle Wörter mit **V** oder **v** beginnen.

Vater verspricht, im Advent violette Vogelpullover zu verlieren. Die Vögel verbieten,
die Oliven zu vergessen, weil sie den Vorrat an Silvester brauchen.

Wörter mit langem i 

1 Lies die Wörter auf dem Zettel laut. Markiere das lange **i**.
Diese Wörter musst du dir merken.
Sie werden nur mit **i** geschrieben.

 **2** Schreibe die Wörter ab, in denen das **i** lang klingt. Markiere das **i**.

3 Die Wörter im Kasten haben alle ein einfaches **i**, obwohl man ein langes **i** hört.
Lies die Wörter. Finde alle Tiere. Schreibe sie in der Einzahl und in der
Mehrzahl auf. Markiere das lange **i**. Schreibe so: der Delfin – die Delfine, …

Kino • Delfin • Pilot • Tiger • Maschine • Lineal • Krokodil • Nilpferd
Ventil • Olive • Biber • Musik • Bibel • Bison • Benzin • Igel • Kabine

Die Antworten sind im Kasten von Aufgabe 3 versteckt.

 **4** Lies die Rätselfragen. Schreibe die Lösungen auf.
Markiere das lange **i**.

Wo sieht man sich Filme an? — im Kino

Was hilft beim Unterstreichen? ___________________

Wo ziehen sich die Sportler um? ___________________

Welches Buch hat der Pfarrer? ___________________

Wer kann ein Flugzeug steuern? ___________________

Was hilft beim Arbeiten? ___________________

Womit fährt das Auto? ___________________

Was findet man am Fahrrad? ___________________

Was wächst in südlichen Ländern? ___________________

Was hört man bei einem Konzert? ___________________

 Trainiert die Wörter im Kasten aus Aufgabe 3 mit dem Stoppspiel.

Das kann ich schon

Es gibt viele Möglichkeiten, im Verkehr unterwegs zu sein. Das Radfahren ist besonders umweltfreundlich, denn das Fahrrad braucht kein Benzin und verschmutzt die Umwelt nicht. Egal, ob du ein Mountainbike oder ein Rennrad fährst: Dein Rad muss verkehrssicher sein. Wenn du fährst, musst du klingeln und bremsen können. In der Dunkelheit müssen deine Rückstrahler das Licht reflektieren. Für die Fahrradprüfung übt die 4b, wie man gut um eine Kurve kommt, wie man abbiegt und wann man Vorfahrt gewähren muss. Vor allem das Abbiegen nach links fällt vielen Kindern schwer. Mit dem Lineal zeichnet die Klasse verschiedene Verkehrszeichen. Die Zeichen zeigen Verbote und Vorschriften an oder weisen auf eine Gefahr hin.

Wörter mit V oder v

 **1** Sortiere die Wörter im Kasten nach der Anzahl ihrer Buchstaben. Markiere **V** oder **v**.

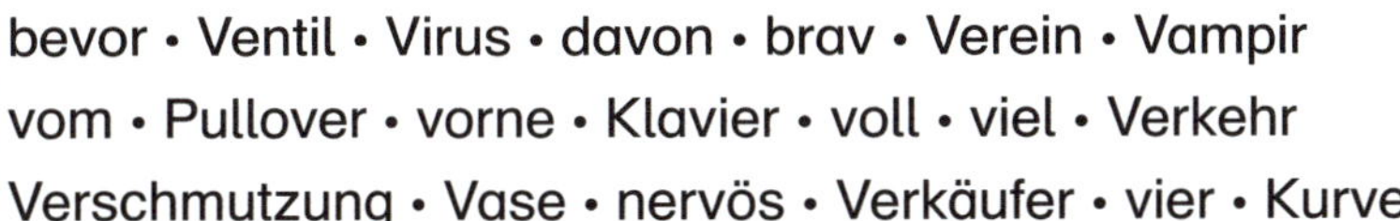

bevor · Ventil · Virus · davon · brav · Verein · Vampir
vom · Pullover · vorne · Klavier · voll · viel · Verkehr
Verschmutzung · Vase · nervös · Verkäufer · vier · Kurve

das Benzin
das Fahrrad
die Kurve
die Möglichkeit
das Mountainbike
der Rückstrahler
das Verbot
der Verkehr
die Vorfahrt
die Vorschrift
    gewähren
    klingeln
    reflektieren
es   verschmutzt
    verschmutzen
    verkehrssicher

3 Buchstaben: vom,

4 Buchstaben:

besonders
man
unterwegs

Diese Seite fand ich:
○ leicht   ○ mittel   ○ schwer

161

Aus Verben werden Nomen

2 Schreibe die Sätze ab. Markiere das Verb und das Nomen, das aus dem Verb entsteht.

> Wir liegen faul auf dem Sofa.
> Das Liegen ist sehr gemütlich.

> Ich muss heute noch Brot einkaufen.
> Zum Einkaufen nehme ich eine Tasche mit.

> Beim Essen höre ich gern Radio.
> Das geht nur, wenn wir nicht zusammen essen.

> Ich schneide das Brot in Scheiben.
> Beim Schneiden muss ich aufpassen.

Wir liegen faul ______________________________

____

____

____

____

____

____

3 Verb oder Nomen? Setze die Wörter aus dem Kasten passend ein.

> KOCHEN · ESSEN · ABSCHMECKEN · SETZEN
> SCHMECKEN · RADFAHREN · FREUEN

Papa und ich _kochen_ __________ zusammen.

Als wir fertig sind, rufen wir zum __________.

Ich darf Papa beim __________ helfen.

Alle __________ sich schnell an den Tisch und lassen es

sich __________. So gestärkt sind wir bereit zum __________.

Auf diese Tour __________ wir uns schon lange.

4 Frage nach den markierten Wörtern. Verbinde, in welchem Fall die Antwort steht.

Wem?   Wer oder was?   Wessen?   Wen oder was?

Die Lehrerin erklärt den Mädchen die Bedeutung des Nomens.

Wer-Fall, Nominativ   Wem-Fall, Dativ   Wen-Fall, Akkusativ   Wessen-Fall, Genitiv

5 Lies die Sätze. Frage nach den farbigen Wörtern. Schreibe die Fragen und Antworten auf. Schreibe dazu, in welchem Fall das Nomen steht.

Tim bekommt ein neues Fahrrad. Es gefällt dem Jungen sehr.
Die Farbe des Rahmens schillert in der Sonne.
Tim probiert die Klingel aus. Er umarmt die Eltern, weil er sich so freut.
Das Fahrrad hat 24 Gänge.
Der Klang der Klingel ist sehr durchdringend.

Wer oder was bekommt ein neues Fahrrad? Tim.
Wer-Fall (Nominativ)

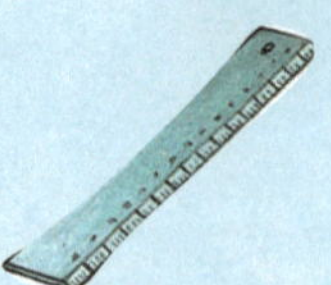

6 Ordne die Wörter aus dem Kasten passend zu. Markiere das lange **i**.

Bison • Kabine • Kantine • Kamin • Krokodil • Vampir • Maschine
Mandarine • Linie • Praline • Gardine • Sirene • Kino • Turbine • Medizin
Nilpferd • Musik • Zitrone • Kilo • Nektarine • Fibel • Tiger • Liter
Lawine • Igel • Pirat • Apfelsine • Pilot • Delfin • Vitamine • Lineal

Tiere: Bison, ____

____

Wörter mit der Endung ine: ___________________________________

____

übrige Wörter: ____

____

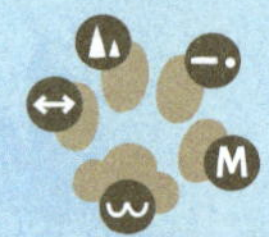

Alle Strategien üben

Markiere die Fehlerwörter. Schreibe die passenden Strategiezeichen darüber.

Ⓜ
Mier macht das radfahren grosen Spaß.

Mein neues Fahrad glenzt und glizert. (6)

Schreibe nun beide Sätze richtig auf.

____

____

____

Diese Seite fand ich:
○ leicht   ○ mittel   ○ schwer

Einfach genial!

nachdenken

● Drohne

● Idee

genial

erforschen

● Erfinder

● Maschine

außergewöhnlich

tüfteln

● Funke

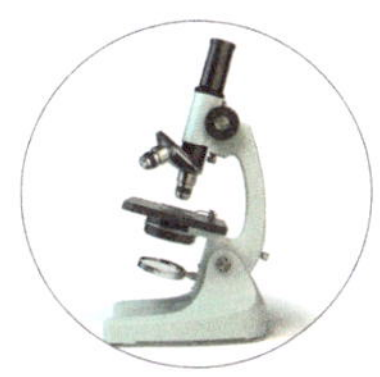

● Mikroskop

fleißig

experimentieren

mechanisch

Hier schreibe ich Wörter, Texte, Ideen und Fragen zum Bild auf.

Einen Zeitstrahl und eine Erklärung lesen

Faust**keil**   **Rad**   Pflug   Buch**druck**   Mi**kro**skop

1,5 Milli**onen** Jah**re** v. Chr.   5 000 Jah**re** v. Chr.   3 500 Jahre v. Chr.   um 1450   um 1590

Dampf**loko**mo**ti**ve   Kon**serven**d**o**se   Fahr**rad**   Jeans   Au**to**

1804   1810   1817   1873   1886

Klett**ver**schluss   Sa**tel**lit   Spiel**kon**s**o**le   U**S**B-Stick   Ex**o**ske**lett**

1951   1957   1974   2000   in Ent**wick**lung

Was ist eig**ent**lich ei**ne Er**f**in**dung?

In je**dem** Fall ist ei**ne** Er**fin**dung et**was** ganz Neu**es**, das es vor**her** noch nicht gab. E**ben** das un**ter**schei**det** näm**lich** ei**ne** Er**fin**dung von ei**ner** Ent**deckung**. Bei**spiel**: Das Feu**er** wur**de** nicht er**fun**den, son**dern** ent**deckt**. Es war ja im**mer** da und konn**te** auch oh**ne** mensch**liche** Hil**fe** ent**ste**hen – et**wa** durch ei**nen** Blitz**schlag**. Der Mensch muss**te** „nur" auf die I**dee** kom**men**, es selbst zum Lo**dern** zu bringen. Das ers**te** Feu**er**zeug gilt hin**gegen** sehr wohl als Er**fin**dung: Es be**stand** aus ei**nem** Bro**cken** ei**nes** schwe**fel**hal**tigen** Mine**rals**, das un**sere** Vor**fah**ren vor schät**zungs**wei**se** 32 000 Jah**ren** auf ei**nen** Feu**er**stein schlu**gen** – bis Fun**ken** sto**ben**.

Sarah Marquardt 

Welche Erfindungen findest du besonders interessant?

Ein Kinderbuch lesen

ANN MAKOSINSKI
Erfinderin

Es war einmal ein Mädchen auf den Philippinen, das nach Sonnenuntergang nicht mehr für die Schule lernen konnte.

Eines Tages erfuhr ihre Freundin Ann in Kanada
5 davon. Ann hatte schon immer gern getüftelt, aber ganz besonders spannend fand sie Transistoren, also Geräte, die den Durchfluss von elektrischem Strom regeln.

„Wie wäre es, wenn ich eine Taschenlampe erfinde,
10 die allein durch deine Körperwärme betrieben wird?", schrieb Ann ihrer Freundin. „Schließlich geben unsere Körper viel Energie in Form von Wärme ab." Beide Mädchen fanden die Idee aufregend.
„Stell dir vor, wie viele Menschen auf einmal Strom
15 hätten, wenn das funktionierte!"

Ann war erst 15, hatte aber viel Erfahrung darin, Gegenstände auseinanderzunehmen und wieder zusammenzusetzen. Also machte sie sich daran, diese unglaubliche neue Taschenlampe zu entwickeln. Sie nannte sie „Hollow Lamp", weil sie sie aus einer hohlen Aluminiumröhre baute.

20 Als sie ihre Erfindung auf einem weltweiten Wettbewerb vorstellte, gewann sie den ersten Preis. Noch nie hatte es das gegeben – eine Taschenlampe, die weder Batterien noch Sonne noch Wind brauchte. Körperwärme allein genügte.
Heute zählt Ann zum Kreis der vielversprechendsten jungen Erfinderinnen und Erfinder unserer Zeit. Ihr Traum ist es, diese Taschenlampe jedem auf der Welt,
25 der sich keinen Strom leisten kann, kostenlos zur Verfügung zu stellen.
„Mir gefällt der Gedanke, die Welt mithilfe der Technologie ein Stück besser zu machen und die Umwelt zu schonen", sagt sie.

Elena Favilli / Francesca Cavallo 

Eine Bauanleitung lesen

1 Sieh dir das Bild an.
Welche Materialien brauchst du, um ein Luftkissenboot zu bauen?

____

____

____

____

____

2 Ordne die Sätze den Schritten der Bauanleitung zu.

Heißkleber um das Innenloch der CD auftragen.

Verschluss runterdrücken.

Ballon aufpusten.

Sofort den Verschluss aufkleben. Kleber trocknen lassen.

Die Ballonöffnung fest über den Verschluss ziehen.

Den Verschluss hochziehen und die CD über den Tisch flitzen lassen.

1

2

3

4

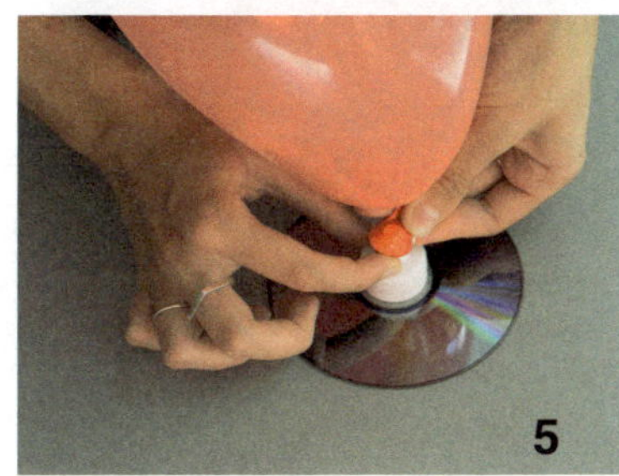

5

6

Ihr könnt selbst ein Luftkissenboot bauen.
Besprecht, was jeder mitbringt.

Eine Skizze und eine Funktionsbeschreibung lesen

  **1** Seht euch das Bild und die Skizze an. Lest den Text.
Warum heißt dieses Fahrzeug **Luftkissenboot**? Kreuzt an.

 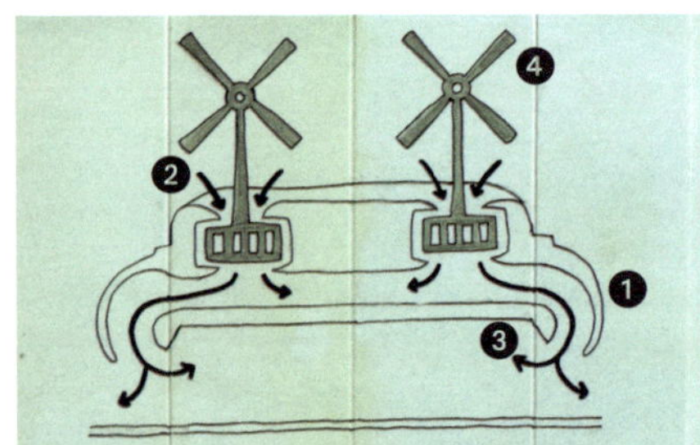

Ein Luftkissenboot ist kein richtiges Boot, obwohl es sich auf dem Wasser bewegt.
Denn es schwimmt nicht. Es schwebt. Warum?

Anke M. Leitzgen ◇

Es heißt so, …

☐ weil alle Reisenden weiche Kissen bekommen.

☐ weil es auf einem Luftkissen schwebt.

☐ weil sich die Propeller am Heck so schnell drehen.

 **2** Lest die Funktionsbeschreibung. Erklärt euch gegenseitig mit eigenen Worten,
wie ein Luftkissenboot funktioniert.

Rund um den flachen Rumpf eines Luftkissenbootes befindet sich
eine Gummischürze. **❶**
Zusammengedrückte Luft wird durch ein Gebläse **❷** unter den Boden gepresst.
So entsteht unter dem Boot eine Art Kissen aus Luft **❸**.
Das sorgt dafür, dass das Boot leicht vom Wasser abhebt.
Dann wird das Luftkissenboot durch die Propeller **❹** vorwärtsgetrieben
und schwebt los.

Anke M. Leitzgen ◇

 **3** Erklärt euch gegenseitig, wie das Luftballonauto funktioniert.

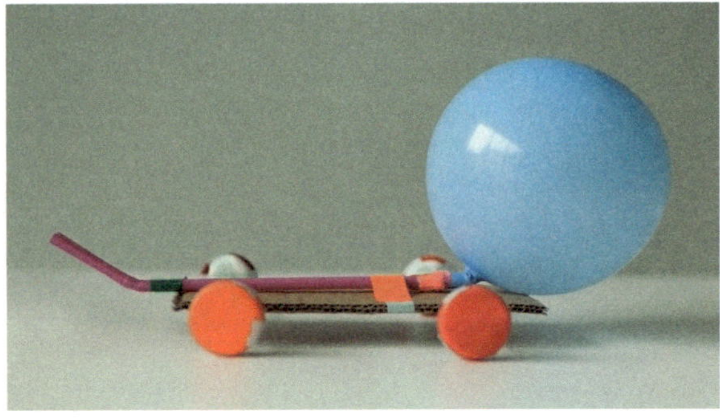 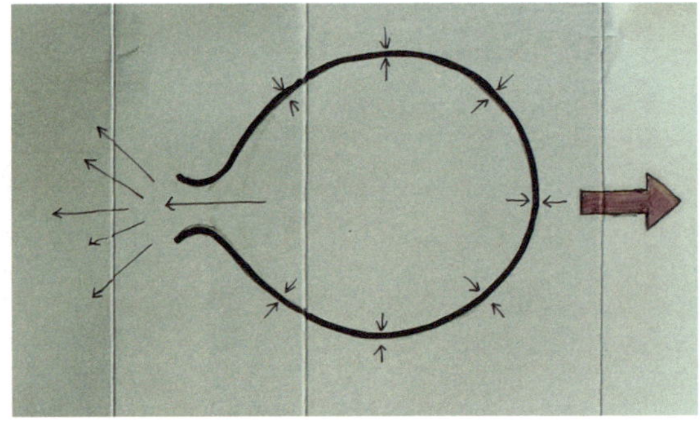

 Ihr könnt selbst ein Luftballonauto bauen. Besprecht, was jeder mitbringt.

Sich in einem Lexikon orientieren

1 Lest den Lexikonartikel über das Rad. Seit wann gibt es Räder?

____

____

Rad: Das Rad ist die wichtigste → Erfindung der Welt. Es wurde vor mehr als 5 000 Jahren erfunden und half den Menschen, schwere Lasten zu transportieren. Vorher nutzten sie dazu → Schlitten oder runde Hölzer, die sie unter die Last legten. Die ersten Räder bestanden aus Brettern und waren sehr schwer. Um die Räder leichter zu machen, entwickelten die Menschen Räder mit Speichen aus → Holz oder Draht. Ende des 19. Jahrhunderts erfanden die Brüder Michelin Luftreifen für → Autos. Bei Autoreifen bestehen die Speichen aus → Aluminium.

Wagenrad aus Holz

Speichenrad eines Fahrrads

Alurad eines Autos

2 Lest die Erklärungen in den Kästen.
Markiere die passenden Stellen im Lexikonartikel.

Das **Stichwort** zeigt, worum es in dem Artikel geht. Stichworte sind immer fett gedruckt und alphabetisch sortiert.

Die Pfeile verweisen auf Einträge zu anderen Stichworten. Deshalb nennt man sie auch **Verweis**.

Die **Abc-Leiste** zeigt dir, bei welchem Buchstaben du gerade suchst.

Im **Register** am Ende des Lexikons findest du alle Stichworte.

3 Beantwortet die Fragen:
- Wobei hilft die Abc-Leiste?
- Warum ist das Stichwort immer fett gedruckt?
- Wo befindet sich das Register?
- Wann helfen euch die Verweise?

Bringt verschiedene Lexika mit.
Vergleicht, mit welchen Zeichen diese arbeiten.

Einen Podcast erstellen

  **1** Seht euch das Bild an. Was tun Jonas und Lena?

____

* sprich: Pottkast

Ein **Podcast** ist eine Sendung im Radio oder im Internet. Meistens gibt es Podcasts als Serie zu bestimmten Themen.

 **2** Lest die Namen der Erfinderinnen und Erfinder. Informiert euch darüber, was sie erfunden haben. Wählt eine Person aus, die euch besonders interessiert. Kreuzt an.

☐ Ada Lovelace   ☐ Ann Makosinski   ☐ Galileo Galilei

☐ Carl Benz   ☐ Marie Curie   ☐ Samuel Morse

☐ Johannes Gutenberg   ☐ Melitta Bentz   ☐ Artur Fischer

☐

 **3** Erstellt mithilfe des Tipps einen Podcast über die Person, die ihr ausgewählt habt.

Tipp

So erstellt ihr einen Podcast:
- Sammelt Informationen zu eurem Thema.
- Fasst die wichtigsten Informationen in Stichworten zusammen und bringt sie in eine sinnvolle Reihenfolge.
- Übt, eure Stichworte mündlich vorzutragen. Sprecht langsam, laut und deutlich.
- Nehmt euren Vortrag auf. Ihr könnt einen Teil der Informationen auch durch ein Interview vorstellen.
- Speichert euren Vortrag als Audio-Datei auf dem Computer.
- Hört euch eure Aufnahme an. Kann man euren Text gut verstehen? Nehmt den Text erneut auf, wenn es nötig ist.
- Möchtet ihr Musik oder Geräusche einsetzen? Fügt diese an der passenden Stelle in eurer Audio-Datei ein.

Gewusst wie: Einen Gegenstand beschreiben

Sieh dir **den Gegenstand**, den du beschreiben willst, **sehr genau an**. Achte auch auf **Details***.

Benenne den Gegenstand.
Sammle Fachbegriffe und Adjektive, die dir helfen, den Gegenstand genau zu beschreiben.

Erstelle deine Beschreibung.
Beschreibe deinen Gegenstand **zunächst allgemein**.
Beschreibe **dann die Details**.
Achte auf eine **logische Reihenfolge**.
Beschreibe den Gegenstand zum Beispiel
– von oben nach unten,
– von links nach rechts oder
– von außen nach innen.

Schreibe **sachlich** und **im Präsens**.
Schreibe auch auf, **wozu man** den **Gegenstand benutzen kann**.
Bedenke, dass dein Gegenstand aus **mehreren Teilen** bestehen kann.

* sprich: Detais

Was ist wichtig, wenn du einen Gegenstand beschreiben willst? Kreuze an.

- [ ] Ich beschreibe mein letztes Erlebnis mit dem Gegenstand.
- [ ] Ich achte darauf, nichts Wichtiges zu vergessen.
- [ ] Ich versuche, alle Details zu beschreiben.
- [ ] Fachbegriffe sind mir nicht so wichtig.
- [ ] Ich beschreibe zuerst die schönen Farben.

1 Sieh dir das Bild sehr genau an.
Es zeigt einen Quadrocopter.
Dieser wird auch Drohne genannt.
Achte auch auf Details.

2 Lies die Fachbegriffe im Kasten.
Welche Begriffe helfen dir,
die Drohne zu beschreiben? Kreuze an.

☐ LED · ☐ Anschnallgurt · ☐ Halterung · ☐ Rahmen · ☐ Drohne

☐ Reifen · ☐ Rotor · ☐ Positionslicht · ☐ Landekufen · ☐ Rotorblätter

☐ Auspuff · ☐ Lüftungsschlitz

3 Setze die Wörter aus Aufgabe 2 passend in den Text ein.

Der Gegenstand, den ich beschreibe, ist eine **Drohne**. An ihrem weißen

Rahmen gibt es vier Arme. Auf jedem Arm sitzt ein _______________. Er besteht

aus einer silbernen Nabe und vier weißen _______________. An der Unterseite der

Arme ist eine grüne oder rote _______________ angebracht. Diese nennt man auch

_______________. Jeder Arm hat an den Seiten einen

_______________. In der Mitte des Rahmens ist eine kugelförmige

_______________ für die Kamera. Das Objektiv der Kamera ist schwarz. An jeder Seite

des Rahmens sind zwei weiße _______________ angebracht.

4 Beschreibe den Controller der Drohne. Nutze dazu die Fachbegriffe.

Das Akkusativobjekt

 **1** Lies die Sätze.
Beantworte die Frage nach dem Akkusativobjekt.

Fatma liebt große Erfinderinnen.
Wen oder was liebt Fatma?

Große Erfinderinnen.

Melitta Bentz erfand den ersten Kaffeefilter.
Wen oder was erfand Melitta Bentz?

Tims Papa kauft eine neue Drohne.
Wen oder was kauft Tims Papa?

2 Frage in jedem Satz mit **Wen oder was?** nach dem Akkusativobjekt.
Schreibe die Fragen mit den passenden Antworten auf.
Markiere die Fragewörter und das Akkusativobjekt.

Carl Benz erfand das erste Auto.

Wen oder was erfand Carl Benz?
Das erste Auto.

Die Jeans erfand Levi Strauss.

____

____

Jonas bewundert die Erfinderin Ann Makosinski.

____

____

Die neue Drohne hat einen kaputten Rotor.

____

____

Merksatz

Das Akkusativobjekt (Ergänzung im 4. Fall) ist ein Satzglied im Wen-Fall.
Nach dem Akkusativobjekt fragt man mit Wen oder was?.
*Wen oder was liebt Fatma? **Große Erfinderinnen.***
*Wen oder was kauft Tims Papa? **Eine neue Drohne.***

3 Lies die Sätze. Finde in jedem Satz das Akkusativobjekt.

Fatma liest ein dickes Buch. Das Buch beschreibt tolle Erfindungen und Entdeckungen. Sie zeigt Jonas einen langen Text. Er erklärt eine interessante Entwicklung. Johannes Gutenberg verbesserte den Buchdruck. Er entwickelte dazu Buchstaben aus Metall. Zuerst druckte Gutenberg eine Bibel.

Wen oder was liest Fatma? Ein dickes Buch.

4 Schreibe fünf eigene Sätze über eine interessante Erfindung.
Oder: Schreibe fünf Sätze zu einem anderen Thema.
Markiere das Akkusativobjekt.

Wörter erfinden

1 Seht euch das Bild an. Was für eine Maschine hat der Erfinder gebaut?

____

2 Schreibt den Satz aus Aufgabe 1 richtig auf.

____

____

3 Was für ein Problem hat der Erfinder mit seiner Maschine. Kreuzt an.

☐ Sie schreibt alle Wörter klein. ☐ Sie druckt mit der falschen Farbe.

☐ Sie trennt die Wörter an der falschen Stelle. ☐ Er hat kein Problem.

4 Die Maschine des Erfinders funktioniert immer noch nicht richtig.
Was ist hier passiert? Schreibt die Sätze richtig auf.

> Mibit meibeineber neubeueben
> Eberfibindubung kabann ibich
> laubauteber tobollebe Sabacheben
> ebentwibickebeln.

> Leal Torenmo hendre sich teheu
> sondersbe schnell.

> Mn Mschn mss ch nbdngt vrbssrn.
> S gfllt mr brhpt ncht.

5 Hier sind dem Erfinder alle Wortarten durcheinandergeraten.
Helft ihm, die Wörter zu sortieren. Markiert Nomen, Verben
und Adjektive in unterschiedlichen Farben.

> Tröb · schlupsen · Morfung · tröben · schlupste · Fallasheit · tröblich
> schlupsig · fallaste · Schlups · fallasig · Morf · Schlupsheit · morfbar
> Fallasung · tröbsam · morfte · vertröben · Tröbnis · angeschlupst

6 Erfinde selbst Sätze, die die Maschine durcheinandergebracht hat.

Wörter mit stummem h 

1 Lies die Wörter im Kasten. Was haben alle Wörter gemeinsam? Markiere.

die Wahrheit · anstrahlen · die Feuerwehr · wehrlos · der Strahl · wahrscheinlich
sich wehren · die Wahrsagerin · wahr · abgewehrt · strahlen · der Sonnenstrahl

2 Ordne die Wörter aus Aufgabe 1 nach ihren Wortfamilien. Markiere den Wortstamm.

wahr: die Wahrheit,

wehr:

strahl:

3 Lies die Wörter im Kasten. Schreibe sie nach Nomen, Verben
und Adjektiven sortiert auf. Schreibe so: Nomen: Ohr, …

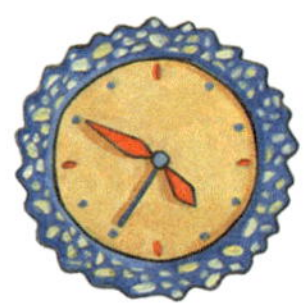

Ohr · rühren · Jahreszeit · Uhr · ähnlich · Bohne · Lehrer · Bahn · Stuhl
Mehl · kühl · Sahne · Bahnhof · dehnen · Huhn · kahl · Mähne · belohnen
hohl · lehnen · anfühlen · Sohn · zähmen · Höhle · ahnen · Zahn · Draht

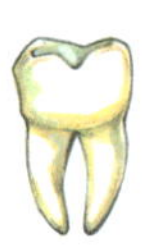

4 Übe die Wörter im Kasten mithilfe des Tipps.

sehr · zehn · während · mehr · ohne · wohl

Tipp

So kannst du Merkwörter üben:
- Schreibe die Wörter ab und markiere die Merkstelle.
- Tippe die Wörter am Computer in verschiedenen Farben.
- Lass dir die Wörter von einem Partnerkind diktieren.
- Sortiere die Wörter nach ihrer Buchstabenzahl.

5 Schreibe den Text ab. Markiere die acht Pronomen mit einem stummen **h**.
Schreibe so: Carla schreibt ihrer Tante …

Carla schreibt ihrer Tante einen Brief. Sie berichtet ihr von ihrem neuen Hund.
Sie hat ihn Leo genannt. Jeden Tag gibt sie ihm nun das Futter.
Ihre Eltern helfen ihr natürlich. Carla ist ihnen dafür dankbar.

1 Lies die Wortgruppen. Was fällt dir auf?

der Erfinder   der geniale Erfinder   der geniale, verrückte Erfinder

die Idee   die ______ Idee   die ______ , ______ Idee

Nur die Nomen werden groß-geschrieben.

2 Findet passende Adjektive und setzt diese in Aufgabe 1 ein.

______________________   ______________________

____

3 Schreibe die Sätze ab. Ergänze zwischen dem Artikel und dem Nomen mindestens ein Adjektiv. Denke an die Kommas.

Die Erfindung ist sehr interessant.

Das Mädchen mag die Maschine.

Der Plan begeistert die Erfinderinnen.

Die Bauteile sind leider sehr teuer.

Das Labor hat eine Lüftung.

Die neue, verrückte, große Erfindung ist ____________________

____

____

____

____

____

Merksatz

Zwischen einen Artikel und ein Nomen (Substantiv) schieben sich oft andere Wörter, zum Beispiel Adjektive. Dann entsteht eine Nominalgruppe.

Der geniale Erfinder.

Das Nomen (Substantiv) am Ende dieser Nominalgruppe wird großgeschrieben.

Statt eines Artikels können auch diese Artikelwörter vor einem Nomen stehen:

dieses, den, mein, dein, ihre, einige, jeder, alle, keine, am, zur, zum, beim.

4 Schreibe die Sätze ab. Markiere das Artikelwort und das Nomen.
Ergänze vor jedem Nomen ein Adjektiv.
Der Merksatz von Seite 177 kann dir helfen.

Meine Drohne ist neu. Sie hat einige Aufkleber. Ich lade den Akku auf.
Dann schalte ich die Fernsteuerung ein. Die Drohne fliegt am Himmel.
Sie macht Fotos von der Landschaft. Es ist keine Kunst, sie zu steuern.

Meine kleine Drohne ist neu.

5 Schreibe den Text richtig ab.

DIE JUNGE FORSCHERIN ARBEITET AN EINER NEUEN DROHNE.
EINIGE GESCHICKTE MITARBEITERINNEN HELFEN BEIM
SCHWIERIGEN ZUSAMMENBAU DER KLEINEN TEILE. IHRE
GROSSEN ANSTRENGUNGEN SIND NICHT UMSONST. ES GIBT
KEINE GRÖSSEREN PROBLEME. AM ENDE SIND ALLE EIFRIGEN
HELFERINNEN SEHR GLÜCKLICH.

Die junge Forscherin

Das kann ich schon

Früher arbeiteten Erfinderinnen und Erfinder häufig allein. Sie studierten dicke Bücher in der Bibliothek. Danach experimentierten sie in ihrem Labor, wo es qualmte und Funken durch die Gegend flogen. Sie saßen am Mikroskop oder konstruierten nützliche Dinge in ihrer Werkstatt. Manchmal quälten sie sich mehrere Jahre mit neuen Ideen. Dann dauerte es also ziemlich lange, bis sie ihre außergewöhnliche Erfindung bauen und präsentieren konnten.
Heute sieht die Arbeit von Forscherinnen und Forschern ganz anders aus.
Oft geht es darum, bereits bekannte Sachen weiterzuentwickeln. Dafür braucht man viele kluge Köpfe. Deshalb arbeiten die Männer und Frauen meistens in Gruppen zusammen. So können sie ihre Ideen miteinander teilen und sich bei Schwierigkeiten gegenseitig unterstützen.

Wörter erfinden

 **1** Schreibe die fehlerhaften Sätze aus der Wörtermaschine richtig auf.

> Ldr mcht d Mschn mmr nch gnz vl Fhlr.

> Neei tegu Maneschi zu finerden, ist rischwieger, als wir kenden.

____

____

____

____

____

 **2** Markiert die erfundenen Nomen, Verben und Adjektive in unterschiedlichen Farben.

> Brösheit · schwolzhaft · Quoffung · brösen · brösig
> Schwolzung · Schwolz · quoffen · Brösnis · schwolzen
> schwolzig · bröste · quoffig · geschwolzt · Quoffnis
> anbrösen · quofften

Übungswörter

die Bibliothek
die Gegend
die Gruppe
die Idee
das Mikroskop
die Schwierigkeit
die Werkstatt
sie experimentierten
experimentieren
sie präsentierten
präsentieren
es qualmte
qualmen
außergewöhnlich
bekannt
nützlich

häufig
mehrere
ziemlich

Wörter mit stummem h

3 Lies die Wörter im Kasten. Schreibe sie nach Nomen, Verben und Adjektiven sortiert auf.

Ehre • Fahne • ähnlich • befehlen • ermahnen • Bohne • Sahne • Reh
bestehlen • Hahn • Huhn • empfehlen • Fohlen • dehnen • wohnen
Rohr • lahm • ahnen • Bahn • aufbewahren • Jahr • fehlen • kühl • hohl
zähmen • Mehl • fühlen • Lehrer • Kohle • bohren • Kahn • Drohne • zäh

Nomen: Ehre, ____

____

____

Verben: ____

____

____

Adjektive: ____

____

4 Ordne die Wörter nach ihren Wortfamilien. Markiere den Wortstamm.

die Lehrerin • fehlen • wählen • zahnlos
das Lehrerzimmer • gelehrt • wählbar
verfehlt • die Wahl • belehren • der Fehler
verzahnt • der Backenzahn • verwählt
das Zahnrad • fehlerhaft

lehr: die Lehrerin, ____

____

zahn: ____

____

wahl: ____

fehl: ____

Das Akkusativobjekt

 **5** Lies die Sätze.
Beantworte die Frage nach dem Akkusativobjekt.

Jonas hat eine Idee.
Wen oder was hat Jonas?   Eine Idee.

Die Drohne bekommt einen neuen Rotor.
Wen oder was bekommt die Drohne?

Im Labor gibt es ein kaputtes Gerät.
Wen oder was gibt es im Labor?

 **6** Frage in jedem Satz nach dem Akkusativobjekt. Schreibe die Fragen mit
den passenden Antworten auf. Markiere die Fragewörter und das Akkusativobjekt.

Die Forscher planen eine neue Maschine.
Die Besonderheiten beschreibt der Plan.
Der Computer braucht ein neues Programm.
Das Lexikon enthält eine Liste wichtiger Erfindungen.
Die Spülmaschine erfand Josephine Cochrane.
Die neue Maschine hat bunte Zahnräder.

Wen oder was planen die Forscher?
Eine neue Maschine.

Großschreibung von Nomen – Nominalgruppe

 **7** Schreibe die Sätze ab. Markiere das Artikelwort und das Nomen.
Ergänze vor jedem Nomen ein Adjektiv.

Die Erfinderin sitzt in ihrem Labor. Im Raum stehen viele Geräte.
Ein Nebel steigt aus den Gläsern auf.
Er enthält keine Gifte.
Sie mischt die Flüssigkeiten zusammen.
Schließlich entdeckt sie ein Medikament.
Alle Mitarbeiterinnen freuen sich über den Erfolg.

Die kluge Erfinderin _________________________________

____

____

____

____

____

____

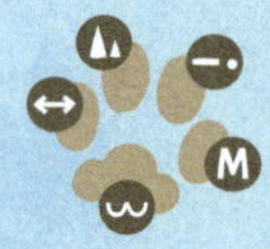

Alle Strategien üben

Markiere die Fehlerwörter. Schreibe die passenden Strategiezeichen darüber.

Oft arbeiteten die erfinder gleichzeitik an einer ehnlichen Erfindung.

Es lonte sich, schneler zu sein als die anderen forscher. (6)

Schreibe nun beide Sätze richtig auf.

____

____

____

Eine Zeitung entsteht

interviewen

korrigieren

besprechen

drucken

• Artikel

• Mikrofon

• Schlagzeile

• Sitzung

• Tastatur

• Titel

fett

kursiv

schmal

breit

Fahrrad

Seite 2

Grundschule

post

Kontrolliere mit
der Vorderseite.

Alles richtig?

Hier schreibe ich Wörter, Texte, Ideen und Fragen zum Bild auf.

Eine Aufzählung und einen Klappentext lesen

Was ich mit einer Zeitung alles machen kann

Ich kann
– darin blättern,
– die Artikel lesen,
– die Fotos und Zeichnungen ansehen,
– sie als Geschenkpapier benutzen,
– Fenster und Spiegel damit putzen,
– meine nassen Schuhe damit trocknen,
– aus ihr ein Schiff, einen Hut oder
   einen Flieger basteln,
– eine Collage damit gestalten oder
– mich dahinter verstecken.

Wozu kannst du eine
Zeitung noch verwenden?

____

____

____

Falschmeldungen im Valleby-Blatt
Skandal in Valleby: Jeden Tag erscheint
ein peinlicher Artikel über eine bekannte
Persönlichkeit in der Zeitung.
Nichts davon ist wahr, aber keiner will
die Berichte geschrieben haben.
Maja und Lasse müssen helfen, denn
alle Angestellten der Zeitung sind
verdächtig …

Martin Widmark

Ein Kinderbuch lesen

Das Zeitungsgeheimnis

Maja und Lasse sind Detektive und wohnen in Valleby.
Sie nehmen die Zeitungsartikel im Valleby-Blatt genauer unter die Lupe.

> **Valleby-Blatt, 11. September**
> **Kindergärtnerin Britt isst den Kindern das Essen weck**
> Wie uns aus sicherer Quelle zugetragen wurde, können sich die Kinder im
> Kindergarten nicht satt essen, weil ihnen die Kindergärtnerin Britt das Essen
> wegisst. Lesen Sie mehr auf Seite 7.

Aber es gibt keine Fortsetzung auf Seite 7.
„Britt ist doch superlieb“, sagt Maja. „Irgendetwas stimmt hier nicht.
Und weg wird mit g und nicht mit ck geschrieben.“

> **Valleby-Blatt, 12. September**
> **Bibliotekarin gibt zu: Ich habe Bücher gestohlen**
> Während ihrer gesamten Schulzeit hat die Bibliotekarin Karin Fahlén Bücher
> aus der Schulbibliotek nicht zurückgegeben. Jetzt gesteht sie dem Valleby-Blatt,
> dass sie ein schlechter Mensch ist. Lesen Sie mehr auf Seite 9.

„Wetten, der Artikel ist hier zu Ende“, sagt Maja und tippt mit dem Finger
auf die Titelseite. „Und guck mal: Bibliotekarin und Bibliotek nur mit t
und nicht mit th!“

> **Valleby-Blatt, 13. September**
> **Politzeiinspektor auf frischer Tat ertappt**
> Der Politzeiinspektor der Stadt wurde heute Nacht auf frischer Tat ertappt,
> wie er Äpfel im Garten von Gärtner Lindblom gestohlen hat.
> Lesen Sie mehr auf Seite 12.

Aber auf Seite 12 steht nichts über den Polizeiinspektor.
„Politzei mit tz, ts, ts, ts“, sagt Lasse. „Ich denke, das Detektivbüro
LasseMaja hat einen neuen Fall zu lösen. Meinst du nicht auch,
wir sollten dem Valleby-Blatt einen Besuch abstatten?“
„Ja“, antwortet Maja. „Diese Artikel sind sehr verdächtig!“

Martin Widmark   ◈

____

____

Ein Informationsmedium kennen

1 Lies den Text. Kläre unbekannte Wörter. Worum geht es?

In Deutschland gibt es viele verschiedene Tageszeitungen. An jeder Ausgabe wird vom frühen Morgen bis spät in die Nacht gearbeitet. Fotoreporterinnen und Fotoreporter schießen Fotos
5 bei besonderen Veranstaltungen. Redakteurinnen und Redakteure schreiben ihre Artikel. Die Texte und Fotos schicken sie an die Redaktion. Dort wird entschieden, welche Artikel und welche Fotos in der nächsten Ausgabe der Zeitung stehen werden. Die Artikel sind nach Themen
10 geordnet: Politik, Wirtschaft, Kultur, Regionales, Sport, Wetter, Anzeigen und Rätsel. Besonders wichtig ist die Titelseite. Hier stehen die Neuigkeiten des Tages.
Anschließend werden in der Layout-Abteilung Fotos, Schlagzeilen und Artikel auf den Zeitungsseiten angeordnet. Manchmal müssen einige Artikel etwas gekürzt oder
15 Fotos verkleinert oder vergrößert werden, damit eine Zeitungsseite genau gefüllt ist. Mitten in der Nacht beginnt das Drucken einer Tageszeitung. Dazu werden große Mengen Papier und Farbe verbraucht. Das Papier läuft von riesigen Rollen in eine Druckmaschine. Am anderen Ende kommt die fertige Zeitung heraus. In den frühen Morgenstunden bringen Lieferwagen die Zeitung aus der Druckerei
20 zu den Austrägerinnen und Austrägern, die sie in die Briefkästen werfen. Außerdem kann man sie am Kiosk oder in Supermärkten kaufen. Viele Zeitungen gibt es auch in einer digitalen Ausgabe, die man auf dem Tablet oder dem Computer lesen kann. Die digitale Ausgabe einer Zeitung nennt man E-Paper.

2 In welchen Zeilen erfahrt ihr etwas über

- die Themen in einer Zeitung? In den Zeilen ___________________

- das Drucken einer Zeitung? In den Zeilen ___________________

- die Arbeit der Layout-Abteilung? In den Zeilen ___________________

3 Welche Zeitungen kennt ihr? Bringt sie mit und vergleicht sie.

4 Welche Artikel interessieren dich in der Zeitung besonders? Begründe. Schreibe so:
Mich interessieren besonders … , weil …

Fachbegriffe kennen

  **1** Lest den **Zeitungsartikel** und die Fachbegriffe.

Vorspann   Schlagzeile (Headline)   Unterzeile

Bilderunterschrift   Spalten

 **2** Markiert die Antworten im Zeitungsartikel in verschiedenen Farben.

- Wie heißt die Schlagzeile dieses Artikels?
- Wie heißt die Unterzeile?
- Wie heißt die Bildunterschrift?
- Wie heißt der Vorspann?

 **3** Wie viele Spalten hat dieser Artikel? Kreuzt an.

☐ eine Spalte   ☐ zwei Spalten   ☐ drei Spalten

 **4** Bringt Zeitungen mit. Wählt einen Zeitungsartikel aus und beschriftet ihn mit den Fachbegriffen aus Aufgabe 1.
Oder: Schreibt die Fachbegriffe auf Zettel und ordnet sie den passenden Stellen im Artikel zu.

Über Arbeitsvorhaben sprechen

1 Was haben die Kinder vor? Tauscht euch aus.

2 Plant eine Klassenzeitung für eure Klasse.
Erstellt eine Themenliste.
Worüber wollt ihr berichten?

3 Stellt eure Ergebnisse vor.

4 Plant eine Klassenzeitung für eure Klasse.

- Verteilt die Aufgaben: Wer macht was wann?
- Einigt euch auf einen Abgabetermin.

 Haltet eure Absprachen auf einem Plakat fest.

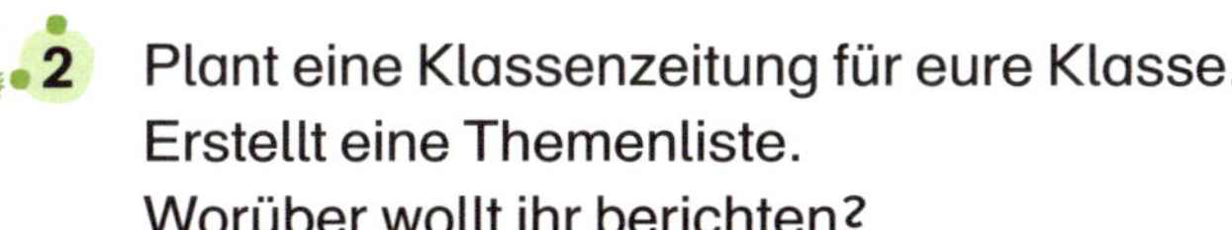

Themenliste:

____

____

____

____

____

____

Ein Interview planen

1 Lest den Text. Worum geht es?

☐ Um ein Interview   ☐ Um einen Bericht

Wenn du ein **Interview*** führen möchtest, solltest du es gut vorbereiten. Dann kannst du es mit einem Gesprächspartner durchführen. Anschließend überarbeitest du das Interview. Danach kannst du es veröffentlichen.

* sprich: Interwju

2 Was ist bei der Planung eines Interviews wichtig? Ordnet zu und markiert die Sätze aus den Kästen in den passenden Farben.
Oder: Schreibt die Sätze aus den Kästen auf Zettel und sortiert sie. Klebt sie auf ein Plakat.

| 1. Vorbereitung des Interviews | 2. Durchführung des Interviews | 3. Überarbeitung des Interviews für die Veröffentlichung |

Einen Termin mit dem Gesprächspartner vereinbaren.

Unterbrechen, wenn der Gesprächspartner vom Thema abschweift.

Den Gesprächspartner begrüßen.

Nachfragen, wenn die Antwort unklar ist.

Sinnvolle W-Fragen überlegen und aufschreiben.

Die Rechtschreibung überprüfen.

Die Fragen und Antworten abtippen.

Die Antworten aufnehmen.

Sich bedanken.

Fragebogen, Stift und Aufnahmegerät mitbringen.

Ein Interview führen

1 Lies die Fragen in den Sprechblasen. Welcher Person kannst du welche Frage stellen? Verbinde.

A Herr Binder   **B** Lisa aus der 4a   **C** Frau Nüsser

2 Welche Frage aus Aufgabe 1 könnt ihr mehreren Personen stellen? Tauscht euch aus.

Frage ☐

3 Lest die Fragen in den Kästen. Bei welcher Frage erhaltet ihr mehr Informationen? Tauscht euch aus. Markiert die Frage.

Herr Binder, arbeiten Sie an unserer Schule?

Herr Binder, welche Aufgaben haben Sie an unserer Schule?

4 Bereitet ein eigenes Interview vor.
- Findet einen Gesprächspartner und vereinbart einen Termin.
- Überlegt euch W-Fragen und schreibt sie auf.
- Prüft, ob auf alle W-Fragen sinnvolle Antworten möglich sind.
- Verteilt die Rollen.
- Schreibt eine Liste mit Dingen, die ihr erledigen oder besorgen müsst.

Interview mit Herrn Binder
am 7. Juni um 11.00 Uhr
in der Aula
Fragen:
1. Herr Binder, seit wann
   arbeiten Sie als AG-Leiter
   an unserer Schule?
2. …

Hanna: Stift, Block
Tiago: Tablet für Fotos

5 Führt euer Interview durch.

6 Tippt eure Fragen und Antworten ab. Überprüft die Rechtschreibung.

Einen Bericht schreiben

1 Lies den Bericht von Marie und Maxi. Wovon handelt er?

☐ Von einem Schulfest   ☐ Von einem Klassenfest

Unser Klassenfest

Wieder einmal trafen wir uns mit unseren Eltern und Geschwistern zu leckerem Kuchen, Wasser und Apfelschorle nachmittags in der Schule. Unser Klassenfest stand an. Mit unserer Klassenlehrerin Frau Herbst hatten wir einen kleinen Auftritt geplant. Dafür haben wir ausgiebig geprobt. Wir spielten dem begeisterten Publikum „Es war eine Mutter, die hatte vier Kinder" vor. Jeder von uns hatte dabei eine Plastikröhre in den Händen und schlug an den richtigen Stellen des Liedes den Ton an. Das Highlight war unser Trommeln mit Drumsticks auf Eimern. „Ich lieb den Frühling" kam beim Publikum besonders gut an. Dies war unser letztes Klassenfest mit unseren Familien in der Grundschulzeit.

Marie und Maxi, 4b

2 Seht euch den Tipp an. Lest dann noch einmal den Bericht. Prüft, ob alle Hinweise im Bericht umgesetzt wurden. Kreuzt dies in der roten Spalte an.

Tipp	Aufgabe 2	Aufgabe 4
• Schreibe über ein Ereignis, das wirklich passiert ist.	☐	☐
• Finde eine Überschrift, die auf das Ereignis hinweist.	☐	☐
• Beantworte die W-Fragen:		
Was ist geschehen?	☐	☐
Wann und **wo** fand das Ereignis statt?	☐	☐
Wer war dabei?	☐	☐
Wie war der Ablauf?	☐	☐
• Beachte die zeitliche Reihenfolge.	☐	☐
• Schreibe kurz, sachlich und ohne wörtliche Rede.	☐	☐
• Schreibe im Präteritum.	☐	☐

3 Sammelt Themen für Berichte, die in eurer Klassenzeitung abgedruckt werden sollen. Verteilt die Themen.

4 Schreibe einen Bericht zu deinem Thema. Sieh dir den Tipp an. Kreuze in der grünen Spalte an, was du beachtest hast. Ergänze deinen Bericht, wenn nötig.

5 Überarbeite deinen Bericht in einer Schreibkonferenz.

Gewusst wie: Das Layout gestalten

Nachdem ihr die Artikel ausgewählt habt, die in eurer Klassenzeitung erscheinen sollen, könnt ihr beginnen, das Layout der Klassenzeitung zu gestalten.

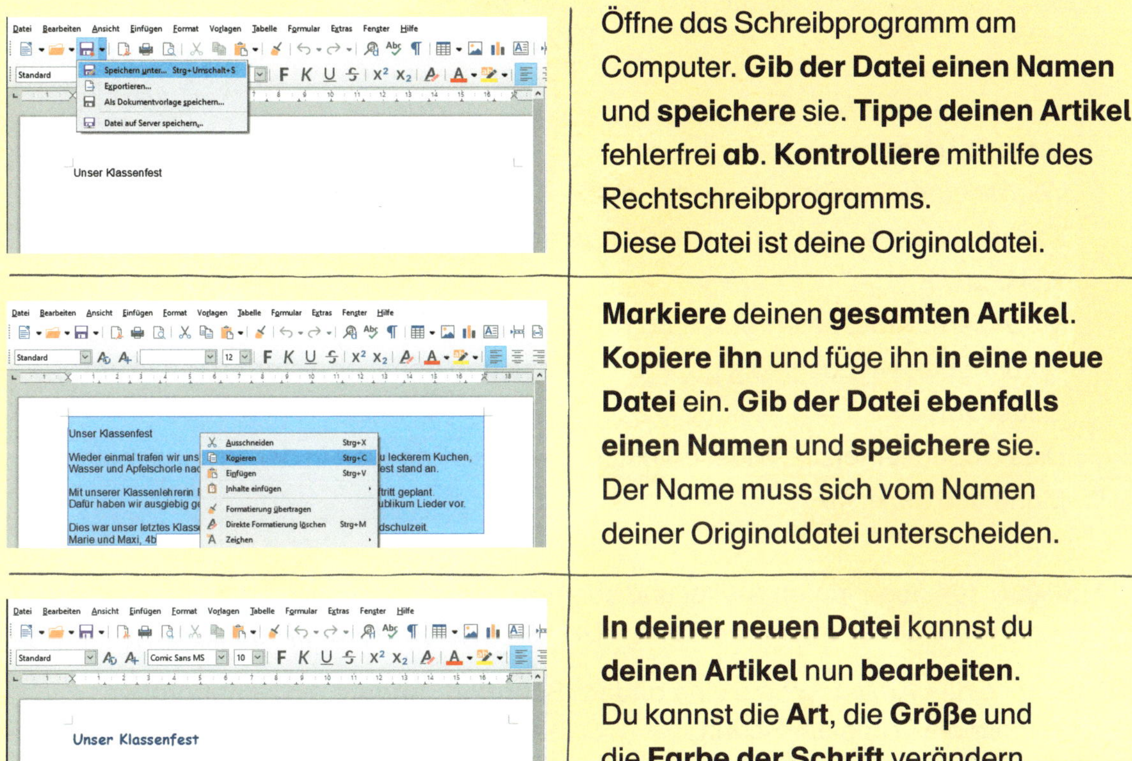

Öffne das Schreibprogramm am Computer. **Gib der Datei einen Namen** und **speichere** sie. **Tippe deinen Artikel** fehlerfrei **ab**. **Kontrolliere** mithilfe des Rechtschreibprogramms.
Diese Datei ist deine Originaldatei.

Markiere deinen **gesamten Artikel**. **Kopiere ihn** und füge ihn **in eine neue Datei** ein. **Gib der Datei ebenfalls einen Namen** und **speichere** sie.
Der Name muss sich vom Namen deiner Originaldatei unterscheiden.

In deiner neuen Datei kannst du **deinen Artikel** nun **bearbeiten**.
Du kannst die **Art**, die **Größe** und die **Farbe der Schrift** verändern.

Du kannst deinen Text auch **in mehrere Spalten** setzen. **Markiere** dazu deinen **gesamten Text** und **klicke in der Menüleiste auf Format**.

Klicke dann **auf Spalten**. **Wähle aus**, in wie vielen Spalten der Text dargestellt werden soll. Nun erscheint dein Text in Spalten. **Speichere** deine Datei erneut.

Was ist wichtig, wenn du das Layout einer Zeitung gestaltest? Kreuze an.

- [ ] Ich speichere die Datei.
- [ ] Ich kann die Schriftart, die Größe und die Farbe des Textes am Computer verändern.
- [ ] Ich kann einen Text in zwei Spalten setzen.
- [ ] Ich speichere meine Dateien nicht ab.

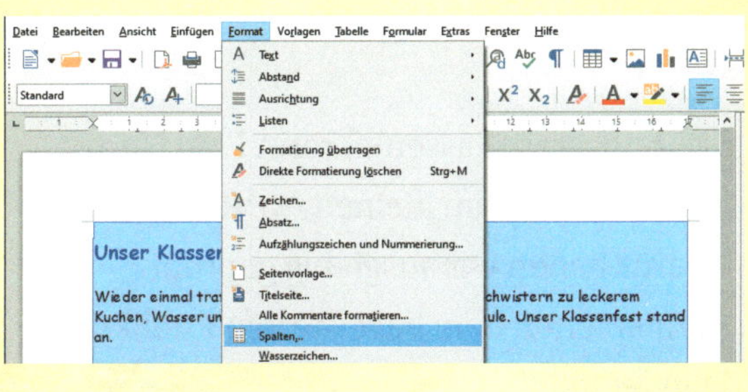

1 Tippe den Artikel am Computer ab. Achte dabei auf die Rechtschreibung.
Speichere die Datei unter dem Namen **Unser_Klassenfest** ab.

Unser Klassenfest

Wieder einmal trafen wir uns mit unseren Eltern und Geschwistern zu leckerem Kuchen, Wasser und Apfelschorle nachmittags in der Schule. Unser Klassenfest stand an.

Mit unserer Klassenlehrerin Frau Herbst hatten wir einen kleinen Auftritt geplant. Dafür haben wir ausgiebig geprobt. Wir spielten dem begeisterten Publikum Lieder vor.

Dies war unser letztes Klassenfest mit unseren Familien in der Grundschulzeit.
Marie und Maxi, 4b

2 Markiere den abgetippten Artikel und kopiere ihn in eine neue Datei.
Speichere die Datei unter dem Namen **Unser_Klassenfest_bearbeitet** ab.

3 Bearbeite den Artikel. Wähle eine andere Schriftart. Ändere die Schriftgröße.
Verändere die Farbe der Schrift.

4 Setze deinen Text in zwei Spalten. Markiere dazu deinen Text und
klicke in der Menüleiste auf Format. Klicke dann auf Spalten und wähle
Zwei aus. Nun sieht dein Text so aus:

Unser Klassenfest

Wieder einmal trafen wir uns mit unseren Eltern und Geschwistern zu leckerem Kuchen, Wasser und Apfelschorle nachmittags in der Schule. Unser Klassenfest stand an.

Mit unserer Klassenlehrerin Frau Herbst hatten wir einen kleinen Auftritt geplant. Dafür haben wir ausgiebig geprobt. Wir spielten dem begeisterten Publikum Lieder vor.

Dies war unser letztes Klassenfest mit unseren Familien in der Grundschulzeit.
Marie und Maxi, 4b

5 Gestaltet alle Seiten eurer Klassenzeitung.
Besprecht, wie viele Exemplare ihr benötigt und wo die Zeitung gedruckt werden soll.

Anzahl der Exemplare:

Druck: ____

____

Das Dativobjekt

1 Lies die Sätze.
Beantworte die Frage nach dem Dativobjekt.

Jonas zeigt Lena eine Seite der Klassenzeitung.
Wem zeigt Jonas eine Seite der Klassenzeitung?   _Lena._

Das Layout der Seite gefällt ihr sehr gut.
Wem gefällt das Layout der Seite sehr gut?   _______________

Jonas und Lena wollen die Seite ihren Mitschülern zeigen.
Wem wollen Jonas und Lena die Seite zeigen?   _______________

2 Frage in jedem Satz mit **Wem?** nach dem Dativobjekt.
Schreibe die Fragen mit den passenden Antworten auf.
Markiere das Fragewort und das Dativobjekt.

Fatma bietet Jonas und Lena ihre Hilfe an.

Wem bietet Fatma ihre Hilfe an?
Jonas und Lena.

Sie gibt ihnen noch einen Hinweis für das Layout.

____

____

Der Hinweis hilft den beiden weiter.

____

____

Jonas dankt seiner Mitschülerin dafür.

____

____

Merksatz

Das Dativobjekt (Ergänzung im 3. Fall) ist ein Satzglied im Wem-Fall.
Nach dem Dativobjekt fragt man mit Wem?.
Wem zeigt Jonas die Klassenzeitung? **Lena.**

3 Lies die Sätze. Schreibe nur die vier Sätze ab, in denen es
ein Dativobjekt gibt.

Nach und nach gestalten die Kinder alle Seiten der Klassenzeitung.
Am Ende geben sie der Lehrerin ein fertiges Exemplar. Sie freut sich sehr über
die tolle Gestaltung. Die Lehrerin gibt ihnen noch einen Tipp. „Der letzte Artikel
passt super in die Stadtteilzeitung. Ihr könntet der Redakteurin Frau Tholen
einen Ausdruck davon geben." „Das kann ich übernehmen", sagt Jonas.
„Sie ist meine Nachbarin." Am Nachmittag bringt er ihr den Ausdruck vorbei.

____

____

____

____

____

____

4 Schreibe fünf eigene Sätze über die Arbeit an eurer Klassenzeitung.
Oder: Schreibe fünf Sätze zu einem anderen Thema. Markiere das Dativobjekt.

____

____

____

____

____

____

____

____

____

Gesprochene und geschriebene Sprache

1 Lies die Sätze. Was fällt dir auf?

____

____

____

Marlo führte ein Interview mit Natalia durch.

Er fragte sie nach den schönsten Erlebnissen in ihrer Grundschulzeit.

Natalia fand die Klassenfahrt mit Frau Oelkers und der Parallelklasse 4b am schönsten.

Außerdem wollte Marlo erfahren, was seine Mitschülerin in den letzten Schulwochen noch gern unternehmen würde.

Das gemeinsame Kochen gefiel Natalia gut, weil die Suppe sehr gut schmeckte. Deswegen würde sie gern noch einmal kochen.

2 Wodurch unterscheiden sich die Texte in den Sprechblasen von den Texten in den Kästen? Tauscht euch aus.

3 Lest die Wörter in den Kästen. Gehören sie zur gesprochenen oder zur geschriebenen Sprache? Tauscht euch aus. Begründet. Markiert Wörter, die zusammengehören.

cool   sich entspannen   checken   keine Lust   verstehen

jemanden ärgern   sehr gut   dissen   chillen   kein Bock

Hör genau hin, wenn dir jemand etwas erzählt.
Wie oft spricht die Person ihren Satz nicht zu Ende? Berichte.

Anredepronomen

  **1** Lest die Briefe. Was fällt euch auf?

2 Setze die Anredepronomen aus dem Kasten in den Brief ein.

Ihrer · Sie · Ihre · Ihnen · Sie · Ihnen

Sehr geehrte Frau Bürgermeisterin Nüsser,
wir aus der Klasse 4b haben unsere Grundschulzeit nun bald beendet. Dennoch haben

wir ein Anliegen an ____________. In den großen Pausen spielen wir sehr gern Fußball.
Viele Kinder aus unserer Patenklasse 2b spielen mit uns. Mittlerweile sind wir so viele
geworden, dass der Platz mit den zwei Toren nicht mehr ausreicht. Wäre es möglich,

dass ____________ für unseren Pausenhof einen Basketballkorb anschaffen?

Wir Kinder liegen ____________ bestimmt am Herzen.

Mit ____________ Unterstützung hätten wir bald die Möglichkeit, auch einmal ein
anderes Ballspiel zu spielen. Dann wäre es auf dem Fußballplatz weniger voll.

Über eine Rückmeldung von ____________ würden wir uns sehr freuen.
Mit freundlichen Grüßen

____________ Klasse 4b

3 Schreibe einen Brief an eine Person deiner Wahl.
Achte auf die Anredepronomen.

Ich schreibe einen Brief an: ____

> **Merksatz**
>
> In einem Brief oder einer E-Mail werden diese Anredepronomen
> großgeschrieben: **Sie, Ihre, Ihnen, Ihr.**
> Die Anredepronomen **du, deine, dir, dein, dich, ihr, euch, eure** können
> groß- oder kleingeschrieben werden, aber in einem Brief immer einheitlich.

Komma und Konjunktion

1 Lies die Sätze. Welche Wörter verbinden sie?

______________________   ______________________

Lea faltet eine Tasche aus einer Zeitung. Sie möchte die Tasche verschenken.
Lea faltet eine Tasche aus einer Zeitung, *denn* sie möchte die Tasche verschenken.
Lea faltet eine Tasche aus einer Zeitung, *weil* sie die Tasche verschenken möchte.

2 Schreibe die Sätze ab und setze die passende Konjunktion ein.
Markiere die Konjunktion und das Komma davor.

Tim sieht Lea beim Falten zu, (denn/aber) er möchte auch eine Tasche basteln.

Tim sieht Lea beim Falten zu, denn _______________________________

____

Das Basteln gelingt Tim nicht, (sondern/obwohl) er genau zugesehen hat.

____

____

Lea zeigt ihm alles noch einmal, (damit/weil) es jetzt klappt.

____

____

Sie hat nun genug gebastelt, (wenn/aber) Kai und Omar möchten es auch lernen.

____

____

Merksatz

Mit einer Konjunktion (Bindewort) kann man zwei Sätze verbinden.
Vor den Konjunktionen **weil**, **denn**, **aber**, **obwohl**, **damit**, **wenn**, **sondern** und
falls steht ein Komma.
*Lea faltet eine Tasche, **weil** sie die Tasche verschenken möchte.*

3 Findet eine passende Konjunktion, um die Sätze zu verbinden.
Schreibe sie in den Kasten.

denn

Das Falten macht den Kindern Spaß.
Sie basteln gern.

Die Zeitungstaschen sehen toll aus.
Das Falten war schwer.

Die Faltanleitung kommt in die Klassenzeitung.
Alle können die Tasche nachbasteln.

Die Kinder können Tim fragen.
Sie brauchen Hilfe.

Die Kinder tippen die Anleitung am Computer ab.
Das ist viel Arbeit.

4 Verbindet die Sätze aus Aufgabe 3 mit der Konjunktion zu einem Satz.
Achtet auf das Komma.

Das Falten macht den Kindern Spaß, denn

Bringt Zeitungen mit und faltet Zeitungstaschen.

Das kann ich schon

Die Klasse 4a schreibt eine Klassenzeitung über ihre Grundschulzeit. Vier Schüler sind als Reporter unterwegs. Sie befragen ihre Mitschülerinnen und Mitschüler: „Was hat euch am besten gefallen?" Die meisten sagen: „Unsere Klassenfahrt!" Die Redakteurinnen und Redakteure schreiben Berichte über Ausflüge oder das Sportfest. Sie malen Bilder und führen Interviews durch. Zwei Schülerinnen entwerfen ein schwieriges Kreuzworträtsel. Auf der Redaktionssitzung entscheiden die Kinder gemeinsam, was auf welche Seite kommen soll. Mia und Tim arbeiten am Layout. Mia meint: „Eine Zeitungsseite zu gestalten ist ganz schön schwer!" Die Kinder setzen manche Artikel zweispaltig. Sie verkleinern oder vergrößern einige Bilder und schieben sie an die passende Stelle. Anschließend werden alle Seiten ausgedruckt und gebunden. Am Ende ist eine interessante Klassenzeitung entstanden, die alle gern lesen.

Anredepronomen

1 Setze die Anredepronomen aus dem Kasten in den Brief ein.

dich • du • deiner • du • dein • du • deinen

Liebe Ida,

ich habe mich sehr über ____________ Brief gefreut, vielen Dank! Hoffentlich wirst ____________ bald wieder gesund sein. Wir vermissen ____________ in der Schule.

Wenn ____________ wiederkommst, können wir endlich wieder zusammen Basketball spielen. Mal abwarten, wie viele Körbe ____________ werfen wirst. Mit ____________ neuen Wurftechnik schaffst du bestimmt sehr viele!

Viele Grüße

____

Paul

der Artikel
das Interview
die Klassenzeitung
das Kreuzworträtsel
das Layout
der Redakteur
die Redaktionssitzung
der Reporter
sie führen durch
       durchführen
       vergrößern
       verkleinern
       passend
       schwierig
       zweispaltig

am besten
anschließend
ihre

2 Setze die Anredepronomen aus dem Kasten in den Brief ein.

Ihrer • Ihnen • Sie • Ihre • Ihnen • Sie • Ihre • Sie • Ihrer • Ihr

Sehr geehrter Herr Binder,

wir gehören zur blauen Gruppe im Ganztag. Unsere Stammgruppenleiterin

Frau de Brosses hat immer viele tolle Ideen. Wir erleben viel mit ihr.

Das gefällt uns sehr gut. Aber nun kommen wir mit einem Wunsch auf __________ zu.

Bald findet wieder der Verkauf am „Stand der Schulen" auf dem Marktplatz statt.

Der Erlös ist für kranke Kinder gedacht. Wir würden gern mit __________ Hilfe

schöne Dinge aus Ton dafür herstellen. Diese könnten wir dann verkaufen.

Außerdem würden wir so gern im Ganztag wieder einmal töpfern. Dafür bräuchten

wir zwei Ballen Ton. Frau de Brosses meinte, dass wir __________ schreiben

sollen. Nur __________ wissen, ob der Werkraum für uns frei wäre.

Und: Wäre es __________ Meinung nach möglich, dass __________ Ton

für uns besorgen könnten?

Wir brauchen __________ Hilfe und würden uns sehr über eine Rückmeldung

von __________ freuen.

Mit freundlichen Grüßen

__________ Hanna und __________ Carlos aus der Klasse 4a

Komma und Konjunktion

 **3** Schreibe die Sätze ab und setze die passende Konjunktion ein.
Markiere die Konjunktion und das Komma davor.

Tiago und Bilal rufen ihren Freund Leon, (aber/weil) sie mit ihm Basketball spielen möchten.

<u>Tiago und Bilal rufen ihren Freund Leon, **weil**</u>

Leon reagiert nicht, (denn/falls) er ist nicht im Klassenraum.

Tiago sucht ihn, (obwohl/damit) er eigentlich jetzt in die Pause gehen wollte.

Er findet ihn auf dem Flur, (denn/weil) er sich schon die Schuhe anzieht.

Leon spielt heute nur mit, (wenn/aber) Paul auch mitspielen darf.

Der Junge fragt seinen Freund Paul, (denn/weil) er am liebsten mit seinem besten Freund spielt.

Paul ist einverstanden, (obwohl/aber) er vorher noch etwas mit der Klassenlehrerin besprechen muss.

Das Dativobjekt

 **4** Frage in jedem Satz nach dem Dativobjekt.
Schreibe die Fragen mit den passenden Antworten auf.
Markiere das Fragewort und das Dativobjekt.

Oma kauft ihrer Enkelin Greta beim Spaziergang ein Eis.

Der Eisverkäufer reicht Greta das Eis.

____

Oma gibt dem Verkäufer einen Geldschein.

____

____

Er gibt ihr das Wechselgeld in Münzen zurück.

____

____

Alle Strategien üben

Markiere die Fehlerwörter. Schreibe die passenden Strategiezeichen darüber.

Die Kinda entwarfen viele Saiten für ire Klassenzeitun.

Das tippen am Komputer hat lange gedauert und war viel arbeit. (7)

Schreibe nun beide Sätze richtig auf.

____

____

____

Jahreszeiten und Feste

backen

● Feier

● Lagerfeuer

zart

singen

● Feuerwerk

● Laub

gemütlich

schmücken

● Frühblüher

● Schmetterling

zufrieden

aufwirbeln

Übe die Wörter auf der Rückseite.

kühl

Alles richtig?

Hier schreibe ich Wörter, Texte, Ideen und Fragen zum Bild auf.

Durch das Jahr: Die Jahreszeiten

Frühling – Ich kann es kaum erwarten,
ich will jetzt in den Garten!
Erste Sonne, Tulpe, Krokus,
du verstehst, dass ich jetzt los muss?
Schneeglöckchen und Osterglocken,
Gänseblümchen, die mich locken.
Grüne Blättchen, warme Luft,
zart der erste Blütenduft.
Vögel, grad zurückgekehrt,
zwitschern völlig unbeschwert.
Es ist März! Da kann man nur
raus in die Natur!

Der Frühling beginnt am 20. März.
Im Frühling kehren die Zugvögel zurück.

Was begeistert dich am Frühling?

Sommer – Bin schon mal losgerannt,
ich will jetzt an den Strand!
Die Tage lang, die Sonne heiß,
Creme muss sein, jaja, ich weiß.
Erd- und Him- und Brombeeren essen,
Eis und Kirschen nicht vergessen.
Schmetterlinge und Libellen
glänzend durch die Lüfte schnellen.
Nur die Mücken nerven mich,
hab schon wieder einen Stich.
Juni, endlich! Ich will nur
raus in die Natur.

Der Sommer beginnt am 21. Juni.
Im Sommer geht die Sonne früher auf
und später unter.

Was unternimmst du im Sommer gern draußen?

Herbst – Endlich weht der Wind so stark,
ich will jetzt in den Park.
Eicheln suchen, Drachen fliegen,
Kastanien finden, Schnupfen kriegen.
Kürbissuppe auf den Tisch,
dazu Pilze, auch ganz frisch.
Abends dann Laterne laufen,
mitten durch die Blätterhaufen.
Die Störche ziehn nach Afrika,
ganz genau wie letztes Jahr.
September ist's und ich will nur
raus in die Natur.

Was ist für dich am Herbst besonders?

Winter – Und nun kommt der Winter dran.
Was ich dazu sagen kann?
Mütze, Handschuh, Stiefel, Schal,
Kratzesocken, eine Qual.
Sehr spät hell und sehr früh dunkel,
in der Nacht mal Sterngefunkel.
Aber dann: Es bimmeln Glöckchen
und es fallen weiße Flöckchen.
Schlitten fahren, Schneemann bauen,
Lieder singen, Plätzchen kauen.
Dezember ist's und lausekalt,
egal: Ich will jetzt in den Wald.

Eva Bade / Cordula Thörner 

Was machst du im Winter gern drinnen?
Was machst du gern draußen?

Quiz – alle Jahreszeiten

1 Lies die Fragen. Welche Antwort ist richtig?
Kreuze an und schreibe den Lösungsbuchstaben in das Kästchen.

Der erste Tag des Jahres ist immer …

N der 31. Dezember.   C der 1. Januar.   D der 24. Dezember.

Unser Jahr ist eingeteilt in …

F 362 Tage.   K vier Jahreszeiten.   P 51 Wochen.

Unsere Jahreszeiten entstehen durch …

B die Drehung der Erde um sich selbst.   Q die Drehung der Sonne.
E die Neigung der Erdachse.

Jede Jahreszeit dauert etwa …

R zwei Monate.   M drei Monate.   O 6 Wochen.

Deutschland liegt …

A auf der Nordhalbkugel.   Z am Südpol.   I auf der Südhalbkugel.

Auf der Südhalbkugel beginnt der Sommer genau …

U zur gleichen Zeit.   J eine Woche früher.
G um ein halbes Jahr versetzt.

Die Grenze zwischen Nord- und Südhalbkugel ist …

L der Äquator.   Y die Erdachse.   X der Nullmeridian.

Wenn in Deutschland (Europa) Sommer ist, ist Winter …

S in Italien.   Y in Australien.   T in der Türkei.

Wenn in Deutschland Herbst ist, ist in Frankreich …

W Frühling.   K Winter.   H auch Herbst.

Am Äquator gibt es …

E vier Jahreszeiten.   N sechs Jahreszeiten.
V die Regenzeit und Trockenzeit.

Im Winter sind bei uns …

O die Nächte länger als die Tage.   C die Tage länger als die Nächte.
G Tage und Nächte nur 10 Stunden lang.

Gleich lang sind bei uns die Tage und die Nächte …

V im Winter und Sommer.   V in allen Jahreszeiten.
N im Frühling und Herbst.

Alle vier Jahre hat das Jahr nicht 365 Tage, sondern …

H zwei Tage mehr.   P einen Tag mehr.
D einen Tag weniger.

Diese besonderen Jahre heißen …

Y Zusatzjahre.   Q lange Jahre.   B Schaltjahre.

Die längsten Ferien sind bei uns…

I im Sommer.   R im Herbst.   A im Frühling und im Winter.

Meine Lieblingsjahreszeit ist

J der Frühling.   J der Sommer.   J der Herbst.   J der Winter.

2 Verbinde die Lösungsbuchstaben in der richtigen Reihenfolge.
Verbinde den letzten Lösungsbuchstaben mit dem ersten Buchstaben.

3 Trage die Himmelsrichtungen ein.

Durch das Jahr: Der Jahreslauf

Die Welt ist allezeit schön
Im Frühling prangt die schöne Welt
in einem fast smaragdnen Schein.

Im Sommer glänzt das reife Feld
und scheint dem Golde gleich zu sein.

Im Herbste sieht man, als Opalen,
der Bäume bunte Blätter strahlen.

Im Winter schmückt ein Schein, wie Diamant
und reines Silber, Flut und Land.

Ja kurz, wenn wir die Welt aufmerksam sehn,
ist sie zu allen Zeiten schön.

Barthold Heinrich Brockes 

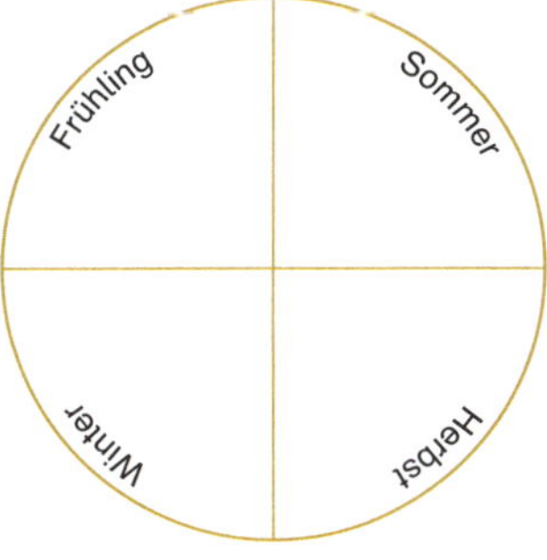

Gegenwart
Langsam wird es höchste Zeit:
Weg mit der Vergangenheit,
ich werde sie verlassen!
Ich schau nach vorn und nicht retour,
in Zukunft werde ich mich
nur mit Gegenwart befassen.
In Zukunft mit der Gegenwart?
Halt, Moment! Ist das gescheit?
In Zukunft ist die Gegenwart
doch wieder nur Vergangenheit.

Paul Maar

Was wünschst du dir für deine Zukunft?

Durch das Jahr: Die Entstehung der Jahreszeiten

Wie entstehen die Jahreszeiten?

Die Jahreszeiten entstehen, weil die Erde um die Sonne kreist.
Dazu benötigt sie ein Jahr. Während die Erde die Sonne umkreist,
dreht sie sich auch um sich selbst. Dabei ist eine Seite der Erde
der Sonne näher als die andere. Das liegt daran,
5 dass die Erdachse schräg zur Sonne steht.

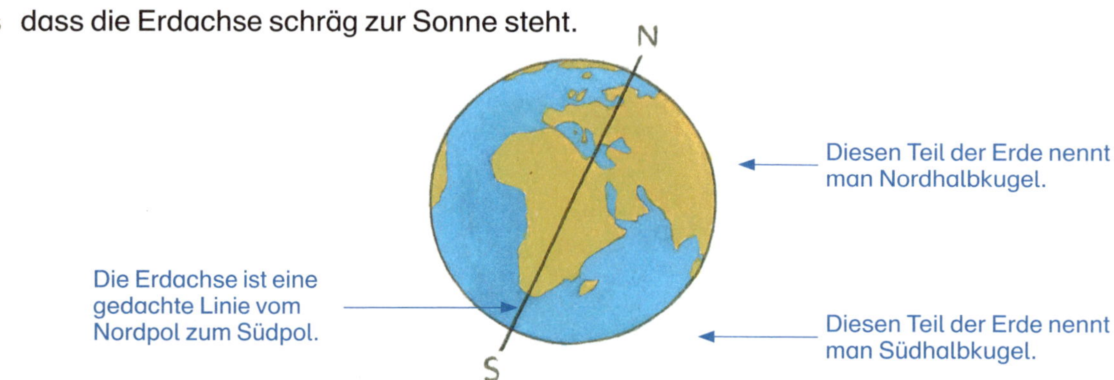

Deutschland liegt auf der Nordhalbkugel. Im Sommer neigt sich
die Nordhalbkugel der Sonne entgegen. Die Sonne steht mittags hoch
am Himmel. Darum sind die Tage im Sommer lang und die Nächte kurz.
Es ist warm, weil die Sonnenstrahlen steil auf die Erde fallen.
10 Im Frühling und im Herbst sind Tag und Nacht gleich lang.
Die Sonne steht auf der Nordhalbkugel und der Südhalbkugel gleich hoch,
da sie seitlich auf die Erdachse trifft.
Im Winter ist die Nordhalbkugel von der Sonne weggedreht.
Es ist kalt, weil die Sonnenstrahlen flach auf die Erde fallen.
15 Die Sonne steht mittags tiefer am Himmel. Darum sind die Tage kurz
und die Nächte lang.

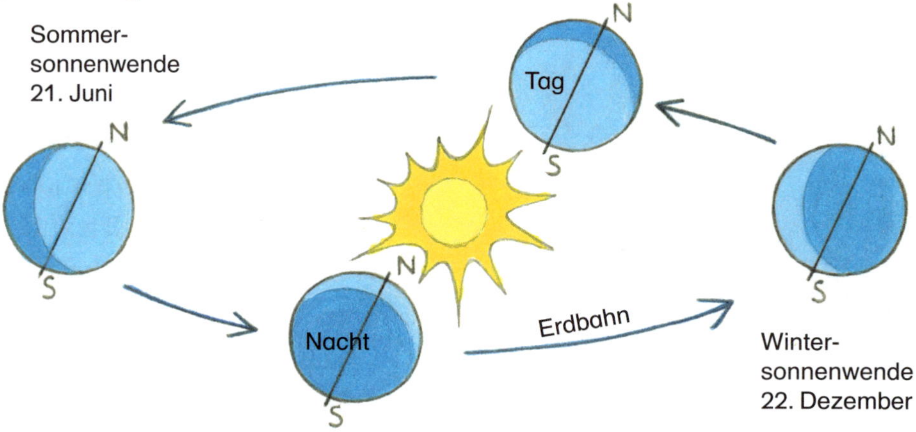

1 Kreuze die richtigen Aussagen an.

☐ Deutschland liegt auf der Südhalbkugel.

☐ Im Winter sind die Tage kurz.

☐ Die Erdachse ist immer zur Sonne hingeneigt.

☐ Wenn die Sonnenstrahlen flach auf die Erde fallen, ist es kälter.

☐ Wenn bei uns Winter ist, ist auf der Südhalbkugel Sommer.

Durch das Jahr: Frühling

Märzküsse

Es kroküsst und es primelt
im Garten und am Bach.
Ein Spatzenpaar verkrümelt
sich selig unters Dach.

Paarweise wird gewandelt,
geturtelt und geküsst
und fröhlich angebandelt,
weil endlich Frühling ist.

Nun küsst der Wal die Walin,
die Nerzin küsst den Nerz,
ein Herr küsst die Gemahlin,
Kroküsse küsst der März.

James Krüss

Einen Krokus basteln

 Ihr könnt selbst einen Krokus basteln. Notiert euch, was ihr braucht.

Für einen Krokus brauchst du:

____

____

So wird es gemacht:

1

2

3

4

5

6

Durch das Jahr: Frühling

1 Löse das Rätsel. Wie heißt das Lösungswort?

____

Mit meiner Familie unternehme ich bei herrlichem **A** __________________________

unsere erste Radtour in diesem Jahr. Die **B** __________________________

wärmen uns. Unsere Radtour führt uns durch einen **C** _____________________.

Dort entdecken wir viele **D** ___________________.

Anschließend halten wir an einem Eiscafé und genießen das

erste **E** ___________________. Auf dem Rückweg

nach Haus fahren wir durch eine Apfelbaumplantage.

Die Bäume haben schon viele **F** _________________.

Die **G** ___________________ schwirren herum

und bestäuben die Apfelblüten. Ob in diesem Jahr

viele leckere **H** _________________ geerntet werden können?

Lösung:

1	2	3	4	5	6

Der Sommer

Er trägt einen Bienenkorb als Hut,
blau weht sein Mantel aus Himmelsseide,
die roten Füchse im gelben Getreide
kennen ihn gut.
Sein Bart ist voll Grillen. Die seltsamsten Mären
summt er der Sonne vor, weil sie's mag,
und sie kocht ihm dafür jeden Tag
Honig und Beeren.

Christine Busta

Samenbomben herstellen

Mit Samenbomben kannst du die Umwelt bunter machen. Aus ihnen wachsen
Blumen, die Hummeln und Schmetterlingen als Nahrungsquelle dienen.
Du kannst Samenbomben ganz einfach selbst herstellen.

Für 6 Samenbomben brauchst du:

eine große Schüssel, einen Rührlöffel, 1 TL Blumensamen, 5 EL Tonerde oder
zerkleinertes Katzenstreu, 5 EL Blumenerde, etwas Wasser

So wird es gemacht:

1. Vermische die Blumenerde mit den Blumensamen.
2. Füge die Tonerde oder das zerkleinerte
   Katzenstreu dazu.
3. Gib tröpfchenweise Wasser hinzu.
   Knete so lange, bis eine geschmeidige Masse entsteht.
   Achte darauf, dass die Masse nicht zu fest wird.
4. Forme aus der Masse kleine Kugeln.
5. Lass die Kugeln einige Tage trocknen.
6. Pflanze die fertigen Samenbomben ein. Bedecke sie
   zur Hälfte mit frischer Erde und gieße sie regelmäßig.

Welche Insekten fliegen noch im Sommer?

____

____

Durch das Jahr: Sommer

Es gibt viele verschiedene Bienen. Die Honigbiene wird von Menschen in Bienenstöcken gehalten und gezüchtet. Alle anderen Bienen sind Wildbienen. In Deutschland leben über 570 verschiedene Wildbienenarten. Sie alle sehen anders aus, bewohnen verschiedene Lebensräume und haben verschiedene Lebensweisen. Auch die Hummel gehört zu den Wildbienen.

Alle Wildbienen sind wichtig für die Natur. Sie bestäuben Pflanzen wie zum Beispiel Äpfel, Erdbeeren, Gurken oder Kürbisse. Damit tragen sie dazu bei, dass es genug Obst und Gemüse gibt.

Doch es sterben viele Bienen, weil ihre Lebensräume zerstört werden oder Gift gespritzt wird, um Schädlinge zu bekämpfen.

Wildbienen sind, um zu überleben, auf Nahrung angewiesen. Im Garten und in der Stadt gibt es viele Möglichkeiten, für die Bienen einen Bienengarten oder eine Bienenweide anzulegen. In vielen Städten sieht man mehr und mehr bunte Bienenweiden oder Insektenhotels für Bienen.

Auch kleine Bienenweiden bieten den Bienen Nahrung und sehen schön aus.

Sammelt Ideen für Bienenweiden in eurer Schule oder bei dir zu Hause.

Durch das Jahr: Herbst

Herbstlied

Melodie und Text: traditionell aus England
deutscher Text: Hannes Kraft

2. Herbst ist da, es ruhet die Zeit,
klingendes Lied wird still.
Will nichts mehr fragen,
will nichts mehr sagen,
Welt hat ein End und Ziel.

3. Autumn comes, the summer is past,
winter will come too soon.
Stars will shine clearer,
skies seem nearer,
under the harvest moon.

Welche Herbstlieder kennt ihr noch?
Singt sie gemeinsam und erstellt eine Herbstlieder-Hitliste.

Herbst

Herbstwindsausen,
Stürme brausen,
Blätter wirbeln durch die Luft.
Drachen fliegen,
Feuer liegen
im Kartoffelfeuerduft.

Graue Tage,
Wolkenplage,
düster ist´s und nebeltrüb.
Tropfennasse
Schnupfennase.
Herbst, du bist mir ja soo (?) lieb!

Elke Bräunling

Durch das Jahr: Herbst

Herbstzeit – Gespensterzeit

Warum geht es eigentlich gerade im Herbst oft um Hexen, Gespenster und Geister? Warum feiern wir Halloween mit Gruselgestalten und basteln Kürbis- oder Rübengeister?

Das liegt sicher nicht daran, dass im Herbst besonders viele Gespenster auftauchen. Nein, Gespenster gibt es nicht.

Aber im Herbst wird es früher dunkel und oft gibt es Nebel oder Regenwetter. Man sieht im Herbst also oft schlecht. Und wenn einem dann ein Tier oder eine Gestalt über den Weg läuft, stellt man sich leicht vor, es könnte ein Gespenst oder etwas Gruseliges sein. Das ist vor allem so, wenn man schon vorher daran glaubt, dass es Geister gibt.

Dazu haben Forscher folgendes Experiment gemacht. Zwei Gruppen von Menschen wurden durch ein altes Kino geführt. Der einen Gruppe sagte man, es würde dort spuken. Der zweiten Gruppe, dass das Kino renoviert werden sollte. Hinterher befragte man beide Gruppen, wie sie sich gefühlt hatten. Und natürlich hatten in der ersten Gruppe viel mehr Menschen geglaubt, irgendwo eine merkwürdige Spukerscheinung zu sehen.

Wenn im Herbst Nebelschwaden durch die Landschaft ziehen, sieht es auch manchmal so aus, als ob geheimnisvolle Gestalten unterwegs sind. Und wer daran glaubt, sieht dann mit Sicherheit Gespenster!

 Wo hast du schon einmal geglaubt, Gespenster zu sehen?

____

____

____

Taschentuch-Gespenster

Das brauchst du:

weiße Papiertaschentücher oder Servietten
weiße Watte
weißes Nähgarn
schwarzer Stift

So wird es gemacht:

Aus Watte oder Papiertaschentüchern eine Kugel formen.
Die Kugel auf die ausgebreitete Serviette legen.
Das Tuch zusammennehmen und abbinden.
Das Gespenstergesicht aufmalen.

Durch das Jahr: Winter

Die Kälte

Nasreddin betrat an einem Wintertag mit seinem Freund Mehmet
eine Teestube. Mehmet ging durch die Tür, Nasreddin folgte ihm
und wollte sich zu seinem Freund an den Tisch setzen.
„Nasreddin! Du hast die Tür offen gelassen!", rief Mehmet.
„Na und?", fragte Nasreddin. „Ist das so schlimm, dass du gleich
schreien musst?"
„Ja! Es ist kalt draußen!", rief Mehmet.
„Und wenn ich die Tür zumache, ist es dann weniger kalt draußen?",
fragte Nasreddin.

Paul Maar

Winterliche Zungenbrecher

Hundert Schlittenhunde ziehen
hundert Hundeschlitten.

Wenn der Winter wesentlich wärmer wäre,
würden die Würmer wesentlich weniger frieren.

Paul Maar 

Erfinde selbst einen Zungenbrecher.

Durch das Jahr: Winter

1 Was ist ES? Löse die Rätsel zum Bild.

ES sammelt im Herbst Vorräte.
ES hält Winterruhe.
ES wacht nur selten auf, um etwas zu fressen.
ES ist ein Meister im Klettern.

ES ist ________________________________

____

von Julius, 4a

ES ist im Schlamm eingegraben.
ES ist in Winterstarre. ES braucht mehrere Schritte, bis ES sich entwickelt hat. Es lebt meistens in Gewässern.

ES ist ________________________________

____

von Emilio, 4a

ES lebt meistens im Wald.
ES ist braun.
ES versteckt sich.
Wenn ES Junge hat, heißen sie Kitze.

ES ist ________________________________

____

von Nesrin, 4a

Dein ES-Rätsel:

____

____

____

____

____

von ________________________________

Das große Quiz

Kinder dieser Welt
Aus welchem Land kommt Claire?
K England   L Irland   M Schottland

Im Wald
Wer hat das Buch Ronja Räubertochter geschrieben?
T Andreas Steinhöfel   A Joanne K. Rowling   E Astrid Lindgren

Sonne, Mond und Sterne
Welcher Astronaut landete zuerst auf dem Mond?
U Neil Armstrong   D Alexander Gerst   F Ulf Merbold

Drachen
Wie heißt der Ort, an dem Siegfried den Drachen besiegte?
R Drachenburg   B Drachenschlucht   C Drachenfels

Mädchen und Jungen
Für welche Themen interessieren sich Kinder am meisten?
A Kleidung/Mode   H Freunde/Freundschaft   S Umwelt/Natur

Strom überall
Was zählt zu den erneuerbaren Energiequellen?
T Sonne   N Erdöl   Z Kohle

Vom Leben der Wale
Welcher Wal ist das größte Wirbeltier der Welt?
D Blauwal   B Pottwal   G Buckelwal

Fahrrad
Was bedeutet dieses Verkehrszeichen?
C Verbot für den Radverkehr   I Radweg   L Fahrradstraße

Einfach genial!
Womit wird die Taschenlampe von Ann Makosinski allein betrieben?
J Körperbewegung   P Körpersprache   O Körperwärme

Eine Zeitung entsteht
Wie nennt man die digitale Ausgabe einer Zeitung?
K E-Book   D E-Paper   U Tablet

Jahreszeiten und Feste
Welche Biene ist keine Wildbiene?
E Honigbiene   C Mauerbiene   V Pelzbiene

Lösung: ☐ ☐ ☐ ☐ ☐ ☐ ☐ ☐ ☐ ☐

	Lesen	Sprechen
Kinder dieser Welt	• Cartoon, Aufzählung und Kinderbuch lesen: S. 7/8 • Fragen beantworten: S. 9 • Sprachen verstehen: S. 10 • Informationen mit eigenen Worten wiedergeben: S. 11	• Über ein Thema sprechen: S. 12
Im Wald	• Gedicht, Sachtext und Kinderbuch lesen: S. 27/28 • Märchen kennen: S. 29/30 • Textinhalte mit Stichworten wiedergeben: S. 31	• Sich in Gesprächen aufeinander beziehen: S. 32
Sonne, Mond und Sterne	• Fabel, Gedicht und Kinderbuch lesen: S. 47/48 • Zwischenüberschriften finden: S. 49/50	• **Gewusst wie:** Informationen austauschen: S. 51/52
Drachen	• Erklärung, Fantasiegeschichte und Kinderbuch lesen: S. 67/68 • Fragen zu einem Text überlegen: S. 69/70 • Eine Sage kennenlernen: S. 71	• Über eine Sage sprechen: S. 72
Mädchen und Jungen	• Aufzählung, Klappentext und Kinderbuch lesen: S. 87/88 • Eine Szene spielen: S. 89 • Sich über Gefühle austauschen: S. 90 • Diagramme lesen: S. 91	• Meinungen diskutieren: S. 92
Strom überall	• Plakat, Steckbrief und Kinderbuch lesen: S. 107/108 • Informationen zusammenfassen: S. 109/110 • Einen Text in Handlung umsetzen: S. 111	• Redewendungen kennenlernen: S. 112
Vom Leben der Wale	• Gedicht, Schaubild und Kinderbuch lesen: S. 127/128 • Einen Text genau lesen: S. 129 • Überfliegendes Lesen: S. 130	• Über Leseerfahrungen sprechen: S. 131 • Medien gezielt auswählen: S. 132
Mein Fahrrad	• Abbildung, Sachtext und Kinderbuch lesen: S. 147/148 • Verkehrszeichen lesen: S. 149 • Zu einem Text Stellung nehmen: S. 150	• Aussagen begründen: S. 151 • Witze spielen: S. 152
Einfach genial!	• Zeitstrahl, Erklärung und Kinderbuch lesen: S. 165/166 • Eine Bauanleitung lesen: S. 167 • Eine Skizze und eine Funktionsbeschreibung lesen: S. 168 • Sich in einem Lexikon orientieren: S. 169	• Einen Podcast erstellen: S. 170
Eine Zeitung entsteht	• Aufzählung, Klappentext und Kinderbuch lesen: S. 183/184 • Ein Informationsmedium kennen: S. 185 • Fachbegriffe kennen: S. 186	• Über Arbeitsvorhaben sprechen: S. 187 • Ein Interview planen: S. 188
Jahreszeiten und Feste	Gedichte, Lieder und Geschichten kennen, Anleitungen verstehen, Sachtexten Informationen entnehmen, Sprachen vergleichen: S. 203–216	

Quellenverzeichnis

Textquellen

7   **Maxeiner, Alexandra:** Meine Klasse. Aus: Labor Ateliergemeinschaft (Hrsg.): Ich so du so. Alles super normal. Beltz & Gelberg in der Verlagsgruppe Beltz, Weinheim & Basel 2017

8   **Port, Moni:** Ich so, du so. Aus: Labor Ateliergemeinschaft (Hrsg.): Ich so du so. Alles super normal. Beltz & Gelberg in der Verlagsgruppe Beltz, Weinheim & Basel 2017 (⟡ Ausschnitt, verändert)

10   **Ahrens, Renate:** Hello Marie! Aus: Hello Marie – alles okay? Eine deutsch-englische Freundschaftsgeschichte. © Rowohlt Taschenbuch Verlag, Reinbek bei Hamburg 2007 (⟡ Ausschnitt, verändert)

27   **Kästner, Erich:** Wir sitzen nicht auf Thronen. Aus: Gedichte. Atrium Verlag, Zürich 1999

27   **Green, Jen:** Verschiedene Bäume. Aus: Bäume. Entdecke die verborgene Welt des Waldes. Übersetzt von Eva Sixt. Dorling Kindersley Verlag, München 2019 (⟡ Ausschnitt, verändert)

28   **Lindgren, Astrid:** Ronja Räubertochter. Übersetzt von Anna-Liese Kornitzky. Verlag Friedrich Oetinger, Hamburg 1982 (⟡ Ausschnitt, verändert)

29/30   **Grimm, Jacob und Wilhelm:** Rotkäppchen. Aus: Kinder- und Hausmärchen gesammelt durch die Brüder Grimm. In drei Bänden. Erster Band. Insel Verlag, Frankfurt am Main 1974 (verändert)

47   **Pang, Hannah:** Die Füchsin und der Wolf. Aus: Pang, Hannah: Der Mond. Mystische Geheimnisse und wissenschaftliche Fakten. Übersetzt von E. M. Hofmann. 360 Grad Verlag, Schriesheim 2018

47   **Claudius, Matthias:** Abendlied. Aus: Claudius, Matthias: Sämtliche Werke. Winkler, München 1968 (⟡ verändert)

48   **Pang, Hannah:** Bringen wir mal Licht ins Dunkel. Aus: Pang, Hannah: Der Mond. Mystische Geheimnisse und wissenschaftliche Fakten. Übersetzt von E. M. Hofmann. 360 Grad Verlag, Schriesheim 2018 (⟡ Ausschnitt)

67   **Rowling, Joanne K.:** Das Drachenei. Aus: Rowling, Joanne K.: Harry Potter und der Stein der Weisen. Übersetzt von Klaus Fritz. Carlsen Verlag GmbH, Hamburg 1998 (⟡ Ausschnitt, verändert)

68   **Rowling, Joanne K.:** Das Drachenbaby. Aus: Rowling, Joanne K.: Harry Potter und der Stein der Weisen. Übersetzt von Klaus Fritz. Carlsen Verlag GmbH, Hamburg 1998 (⟡ Ausschnitt, verändert)

69/70   **Funke, Cornelia:** Der Sturm. Aus: Funke, Cornelia: Drachenreiter. Cecilie Dressler Verlag GmbH und Co. KG, Hamburg 1997 (⟡ Ausschnitt, verändert)

87   **Reider, Katja:** Cool in 10 Tagen. Rowohlt Taschenbuch Verlag, Reinbek bei Hamburg 2019

88   **Reider, Katja:** Cool in 10 Tagen. Aus: Cool in 10 Tagen. Rowohlt Taschenbuch Verlag, Reinbek bei Hamburg 2019 (⟡ Ausschnitt, verändert)

89   **Steinhöfel, Andreas:** Inger. Aus: Andreas Steinhöfel: Froschmaul-Geschichten. © Carlsen Verlag GmbH, Hamburg 2006 (⟡ Ausschnitt, verändert)

90   **Steinhöfel, Andreas:** Froschmaul-Geschichten. © Carlsen Verlag GmbH, Hamburg 2006 (⟡ Ausschnitt, verändert)

91   Diagramme lesen. Aus: Medienpädagogischer Forschungsverband Südwest (Hrsg.): KIM-Studie 2018. Freizeit und Medien. Basis: alle Kinder, n = 1231 (⟡ Auszug, verändert)

93   **Steinhöfel, Andreas:** Paul Vier und die Schröders. © Carlsen Verlag GmbH, Hamburg 1992 (⟡ Ausschnitt)

108   **Novelli, Luca:** Die Erfindung des Lichts. Aus: Edison und die Erfindung des Lichts. Übersetzt von Anne Braun. © Arena Verlag, Würzburg 2006 (⟡ Ausschnitt, verändert)

127   **Kienle, Dela:** Was schwimmt denn da? Aus: Haie, Wale und Delfine. Ravensburger Buchverlag Otto Maier GmbH, Ravensburg 2018 (⟡ Ausschnitt, verändert)

128   **Dixon, Dougal:** Bühne frei für unsere Wale! Aus: Als die Wale laufen konnten und andere unglaubliche Spaziergänge durch die Evolution. Übersetzt von Susanne Schmidt-Wussow. Knesebeck GmbH & Co Verlag KG, München 2019 (⟡ Ausschnitt, verändert)

129   **Müller, Simone:** Aufgehorcht! Schweinswale beim Hörtest. Aus: GEOlino extra: Wale & Delfine. Gruner + Jahr GmbH & Co KG, Hamburg (56/2016) (⟡ Ausschnitt, verändert)

130   **Baur, Dr. Manfred:** Das Familienleben der Delfine. Aus: Wale und Delfine. Die sanften Riesen. WAS IST WAS. Bd. 85. Tessloff Verlag, Nürnberg 2013 (⟡ Ausschnitt, verändert)

132   **Englert, Sylvia:** Frag doch mal die Maus: Wale und Delfine. Carlsen Verlag GmbH, Hamburg 2019 (⟡ Ausschnitt, verändert)

132   **Sigg, Stephan:** Kein Plastik für den Wal – Lena kauft unverpackt. Camino im Verlag Katholisches Bibelwerk, Stuttgart 2019 (⟡ Ausschnitt, verändert)

148   **Marquardt, Sarah:** Darauf radeln wir. Aus: GEOlino extra: Rund ums Rad. Gruner + Jahr GmbH &Co KG, Hamburg (63/2017) (⟡ Ausschnitt, verändert)

165   **Marquardt, Sarah:** Was ist eigentlich eine Erfindung? Aus: GEOlino extra: Erfindungen. Gruner + Jahr GmbH & Co KG, Hamburg (40/2013) (⟡ Ausschnitt, verändert)

166   **Favilli, Elena; Cavallo, Francesca:** Ann Makosinski. Aus: Good Night Stories for Rebel Girls. 100 außergewöhnliche Frauen. Übersetzt von Birgitt Kollmann. © Carl Hanser Verlag GmbH & Co KG, München 2017 (⟡ verändert)

168   **Leitzgen, Anke M.; Grotrian, Gesine:** Müll. Forschen, Bauen, Staunen von A bis Z. Beltz & Gelberg in der Verlagsgruppe Beltz, Weinheim & Basel 2014 (⟡ Ausschnitt, verändert)

183   **Widmark, Martin:** Falschmeldungen im Valleby-Blatt. Aus: Detektivbüro LasseMaja. Das Zeitungsgeheimnis. Übersetzt von Maike Dörries. © Ueberreuter Verlag GmbH, Berlin 2014

184   **Widmark, Martin:** Das Zeitungsgeheimnis. Aus: Detektivbüro LasseMaja. Das Zeitungsgeheimnis. Übersetzt von Maike Dörries. © Ueberreuter Verlag GmbH, Berlin 2014 (⟡ Ausschnitt, verändert)

203/ 204   **Bade, Eva; Thörner, Cordula:** Die Jahreszeiten. Aus: Eselsbrücken. Merksätze, Gedichte und ganz viel Lustiges. Carlsen Verlag GmbH, Hamburg 2016 (⟡ verändert)

207   **Brockes, Barthold Heinrich:** Die Welt ist allezeit schön. Aus: Brockes, Barthold Heinrich: Auszug der vornehmsten Gedichte aus dem Irdischen Vergnügen in Gott. Mit einem Nachwort von Dietrich Bode. Metzler, Stuttgart 1965 (⟡ verändert)

207   **Maar, Paul:** Gegenwart. Aus: Gelberg, Hans-Joachim (Hrsg.): Großer Ozean. Gedichte für alle. Beltz & Gelberg in der Verlagsgruppe Beltz, Weinheim & Basel 2000

209   **Krüss, James:** Märzküsse. Aus: Der wohltemperierte Leierkasten. Gedichte für Kinder, Erwachsene und andere Leute. cbj, München 2013 (⟡ verändert)

211   **Busta, Christine:** Der Sommer. Aus: Die Sternenmühle. Gedichte für Kinder und ihre Freunde. Otto Müller Verlag, Salzburg 1959

213   Herbstlied. Aus: Wolter, Gottfried (Hrsg.): Ars Musica, Band 1, Singbuch. Musik und Text: traditionell aus England. dt. Text: Hannes Kraft. Möseler Verlag, Wolfenbüttel und Zürich 1962

213   **Bräunling, Elke:** Herbst. Aus: Hör mal, Oma! Ich schenk Dir ein Gedicht von Jahr und Tag. Selbstverlag 2013 (⟡ verändert)

215   **Maar, Paul:** Die Kälte. Aus: Das fliegende Kamel. Geschichten von Nasreddin Hodscha, neu erzählt von Paul Maar. Verlag Friedrich Oetinger GmbH, Hamburg 2010

215   **Maar, Paul:** Winterliche Zungenbrecher. Aus: Kakadu und Kukuda. Mit Gedichten, Geschichten und Spielen durchs ganze Jahr. Verlag Friedrich Oetinger GmbH, Hamburg 2016 (⟡ Ausschnitt)

Bildquellen

Bildkomposition der Collagen und dekorative Elemente (Pinnnadeln, Klebstreifen): Cornelsen/Sandra Knopke

S. 7 Comic: „Kann ich mal die Hautfarbe?" von Jörg Mühle, Stifte: Zuni & Kirsten Zubinski, aus: Labor Ateliergemeinschaft: Ich so du so, © 2017 Beltz & Gelberg in der Verlagsgruppe Beltz · Weinheim Basel.; **S. 8** Cover: Labor Ateliergemeinschaft: Ich so du so © 2017 Beltz & Gelberg in der Verlagsgruppe Beltz · Weinheim Basel.; **S. 9** o.: Shutterstock.com/Siriwatthana Chankawee, Mi.: mauritius images/Alamy/ Friedrich Stark, u.: picture alliance/AP Photo; **S. 12** Hände: Shutterstock.com/WindAwake; **S. 15** Papier: Shutterstock.com/RRice; **S. 19** Shutterstock.com/Paul Hakimata Photography; **S. 28** l.: Astrid Lindgren: Ronja Räubertochter: Das Gewitterkind, Verlag Friedrich Oetinger, Hamburg 2017., r.: Astrid Lindgren: Ronja Räubertochter, mit Illustrationen von Ilon Wikland, Verlag Friedrich Oetinger, Hamburg 1982.; **S. 29** l. u. r. u.: bpk/Knud Petersen; **S. 31** v. o. n. u. 1: Shutterstock.com/Milan Zygmunt, 2: Shutterstock.com/FOTOGRIN, 3: Shutterstock.com/Monkey Business Images, 4: Shutterstock.com/colourbird; **S. 42** stock.adobe.com/eric; **S. 48** Hannah Pang: Der Mond. Mystische Geheimnisse und wissenschaftliche Fakten, mit Illustrationen von Thomas Hegbrook, 360 Grad Verlag, Schriesheim 2018.; **S. 49** Kopernikus: Shutterstock.com/Nicku, Erde: Shutterstock.com/robert_s, u.: Shutterstock.com/Mia Shaly; **S. 50** v. o. n. u. 1: Shutterstock.com/Triff, 2: Shutterstock.com/Dotted Yeti, 3: Shutterstock.com/Triff, 4: Shutterstock.com/vovan; **S. 56** Shutterstock.com/Castleski; **S. 57** Gerst: mauritius images/alamy stock photo/NASA Photo, Tereschkowa: mauritius images/alamy stock photo/Pictorial Press Ltd, Hammock Koch: mauritius images/alamy stock photo/NASA Photo, Merbold: mauritius images/alamy stock photo/The NASA Library; **S. 60** stock stock.adobe.com/mzabarovsky; **S. 67** Ei: stock.adobe.com/Dario Lo Presti; **S. 68** Cover u. r.: Joanne K. Rowling, Harry Potter und der Stein der Weisen, © Carlsen Verlag GmbH, Hamburg 2005.; Cover u. l.: Joanne K. Rowling, Harry Potter und der Stein der Weisen, © Der Hörverlag, München 2008.; **S. 70** Cover: Cornelia Funke: Drachenreiter, mit Illustrationen von Cornelia Funke, Cecilie Dressler Verlag GmbH & Co. KG, Hamburg 1997.; **S. 72** Bildschirm: Shutterstock.com/RTimages; **S. 76** Shutterstock.com/Anna Kucherova; **S. 77** Shutterstock.com/Shamleen; **S. 87** u. r.: Katja Reider: Cool in 10 Tagen, mit Illustrationen von Anke Kuhl, © 2019 Rowohlt Verlag GmbH, Hamburg.; **S. 88** Illustration: Anke Kuhl, aus: Katja Reider: Cool in 10 Tagen, mit Illustrationen von Anke Kuhl, © 2019 Rowohlt Verlag GmbH, Hamburg.; **S. 89/90** Silhouetten: Peter Schössow; **S. 90** Buchcover: Andreas Steinhöfel: Froschmaul-Geschichten, mit Illustrationen von Peter Schössow, © Carlsen Verlag GmbH, Hamburg 2019.; Hörbuchcover: Andreas Steinhöfel: Froschmaul-Geschichten, mit Illustrationen von Peter Schössow, © Hörbuch Hamburg HHV GmbH, Hamburg 2015.; **S. 91** Diagramm KIM-Studie: Cornelsen/Heike Börner. Quelle: Medienpädagogischer Forschungsverband Südwest (Hrsg.): KIM-Studie 2018. Freizeit und Medien. S. 14.; **S. 93** Andreas Steinhöfel: Paul Vier und die Schröders, © Carlsen Verlag GmbH, Hamburg 2008.; **S. 94** Leseleine und Bilder in den Lupen: Cornelsen/Heike Börner; **S. 96** Shutterstock.com/ChameleonsEye; **S. 107** Fackel: Shutterstock.com/Only_NewPhoto, Kerze: Shutterstock.com/Aksenova Natalya, Petroleumlampe: stock.adobe.com/luna, Öllampe: stock.adobe.com/Maxal Tamor, LED: Shutterstock.com/eightstock, Energiesparlampe: stock.adobe.com/gradt, Papier u.: Shutterstock.com/RRice, Edison: Shutterstock.com/Everett Collection; **S. 108** Glühbirne: Shutterstock.com/Dja65, Cover: Luca Novelli: Edison und die Erfindung des Lichts, © Arena Verlag, Würzburg 2006. Mit freundlicher Genehmigung vom Arena Verlag, **S. 109** Handy: Shutterstock.com/Stanioio Vladimir, Lampe: Shutterstock.com/Emanuele Ravecca, Kühlschrank: Shutterstock.com/CoolPhotoGirl, Turbine: Shutterstock.com/Hywit Dimyadi, Generator: mauritius images/dieKleinert; **S. 110** Kraftwerk Querschnitt: Oliver Regener; Kraftwerk: Shutterstock.com/Viktorus, Solarzelle: Shutterstock.com/Smile-us; **S. 111** Cornelsen/Peter Wirtz; **S. 115** Papier o. l.: Shutterstock.com/RRice; **S. 116** Shutterstock.com/eightstock; Autoscheinwerfer: Shutterstock.com/iviewfinder, Ampel: stock.adobe.com/USantos, Taschenlampe: Shutterstock/emodpk, Anzeigetafel: Shutterstock.com/alice-photo; **S. 117** Shutterstock.com/NicoElNino; **S. 119** mauritius images/Westend61; **S. 123** stock.adobe.com/Christian; **S. 125** Zielscheibe: Shutterstock.com/artyway; **S. 128** Papier u. l.: Shutterstock.com/RRice, Cover: Dougal Dixon: Als die Wale laufen konnten und andere unglaubliche Spaziergänge durch die Evolution, mit Illustrationen von Hannah Bailey, © Knesebeck GmbH & Co. Verlag KG, München 2019; **S. 129** stock.adobe.com/Colette; **S. 130** Papier o.: Shutterstock.com/RRice, u. r.: Shutterstock.com/vkilikov; **S. 132** Cover A: Sylvia Englert: Wale und Delfine, © Carlsen Verlag GmbH, Hamburg 2019.; Cover B: Stephan Sigg: Kein Plastik für den Wal – Lena kauft unverpackt, mit Illustrationen von Anna-Katharina Stahl; © Camino im Verlag Katholisches Bibelwerk, Stuttgart 2019.; Website (Hintergrund): Cornelsen/Klein & Halm; **S. 133** Shutterstock.com/Andreas Meyer; **S. 137** mauritius images/alamy stock photo/VWPics/Francois Gohier; **S. 139** mauritius images/Minden Pictures; **S. 143** Shutterstock.com/Prostock-studio; **S. 145** Müllwagen: stock.adobe.com/majorosl66, Fähre: stock.adobe.com/Jan Schuler; **S. 147** Draisine: stock.adobe.com/Sergey Kohl; **S. 148** BMX: stock.adobe.com/constantinos, Mountainbike: Shutterstock.com/stockphoto-graf, Rennrad: Shutterstock.com/steamroller_blues, u. l.: stock.adobe.com/Torsten, u. r.: stock.adobe.com/viennapro; **S. 149** alle Schilder: stock.adobe.com/sunt; **S. 150** Papier: Shutterstock.com/RRice; **S. 160** Shutterstock.com/Giacomo Pratellesi; **S. 165** Faustkeil: stock.adobe.com/Juan Aunión, Rad: Shutterstock.com/vilax, Pflug: stock.adobe.com/popov48, Buchdruck: Shutterstock.com/Dja65, Mikroskop: Shutterstock.com/Stockagogo Photos, Lok: Shutterstock.com/Umlaut1968, Dose: Shutterstock.com/Mega Pixel, Fahrrad: Shutterstock.com/Babich Alexander, Jeans: Shutterstock.com/Chiyacat, Auto: stock.adobe.com/Schepers_Photography, Klettverschluss: Shutterstock.com/Ekaterina43, Satellit: Shutterstock.com/Phonlamai Photo, Konsole: Shutterstock.com/Hector Sanchez, USB-Stick: Shutterstock.com/Anton Starikov; **S. 166** o.: dpa Picture-Alliance/ZUMAPRESS, u.: Elena Favilli und Francesca Cavallo, Good Night Stories For Rebel GirlS. 100 außergewöhnliche Frauen. Aus dem Englischen von Birgitt Kollmann © 2017 Carl Hanser Verlag GmbH & Co. KG, München 2017; **S. 167** Cornelsen/Heike Börner; **S. 168** o. l.: Shutterstock.com/Dave Turner, o. r. u. u.: aus: Tinkerbrain/Leitzgen/Grotrian, Forschen, bauen, staunen – Müll © 2014 Beltz & Gelberg in der Verlagsgruppe Beltz · Weinheim Basel.; **S. 169** Papier: Shutterstock.com/RRice, Wagenrad: Shutterstock.com/Zhou Eka, Speichenrad: Shutterstock.com/bergamont, Alurad: Shutterstock.com/Evannovostro; **S. 171** Shutterstock.com/Oleksandr_Delyk; **S. 172** o.: Shutterstock.com/Oleksandr_Delyk, u.: Shutterstock.com/Andy Dean Photography; **S. 173** Shutterstock/Farknot Architect; **S. 174** stock.adobe.com/svenabend; **S. 177** Shutterstock/Dragana Gordic; **S. 178** o.: Shutterstock.com/Oleksandr_Delyk, u.: mauritius images /Westend61; **S. 183** o.: Shutterstock.com/Fabio Principe, Papierbaum u. -hut: Shutterstock.com/Aleksangel; **S. 184** Papier: Shutterstock.com/RRice, Cover: Martin Widmark: Detektivbüro LasseMaja, Das Zeitungsgeheimnis, mit Illustrationen von Helena Willis, © Ueberreuter Verlag GmbH, Berlin 2014.; **S. 186** Shutterstock.com/Syda Productions; **S. 190** Papier: Shutterstock.com/RRice; Zeichnung: Cornelsen/Christiane Bruns; **S. 191** Libre Office: The Document Foundation, Berlin; **S. 192** o.: Libre Office: The Document Foundation, Berlin; **S. 198** Cornelsen/Heike Börner; **S. 199** Shutterstock.com/Robert Kneschke; **S. 200** r.: Shutterstock.com/Helen Sushitskaya, l.: Shutterstock.com/UncleFedor; **S. 201** Shutterstock/Lightspring; **S. 209** Bastelanleitung: Cornelsen/Christiane Bruns; **S. 210** o.: stock.adobe.com/Jacek Chabraszewski, u.: Shutterstock/Real Moment; **S. 211** stock.adobe.com/gicku91; **S. 212** v.l.n.r.: Wollbiene und Holzbiene: stock.adobe.com/Eileen Kumpf, Pelzbiene: stock.adobe.com/Revilo Lessen, Maskenbiene: stock.adobe.com/Rainer Schmitz, Biene auf Blüte: stock.adobe.com/DrMathias, Bienenweide: stock.adobe.com/Susann Bausbach, Insektenhotel: stock.adobe.com/mmuenzl; **S. 213** Cornelsen/Heike Börner/Christiane Bruns; **S. 214** Shutterstock/Poleijphoto; **S. 217** stock.adobe.com/sunt

Registerblatt Kinder dieser Welt lächeln (2x): stock.adobe.com/Peredniankina, verstehen (2x): Shutterstock.com/Paul Hakimata Photography, sich erholen (2x): stock.adobe.com/EvgeniiAnd, gucken (2x): Shutterstock.com/Gelpi, Aussehen (2x): Shutterstock.com/wavebreakmedia, Mädchen mit Fächer: Shutterstock.com/clicksdemexico, Haar (2x): Shutterstock.com/Ohishiapply, Haut (2x): Shutterstock.com/Luis Louro, gleich (2x): Shutterstock.com/Lopolo, fröhlich (2x): stock.adobe.com/ruslanita, Wortkarten/deutsch/englisch (4x): Cornelsen/Sandra Knopke, Junge/Daumen hoch: Shutterstock.com/ESB Professional, Kind (2x): stock.adobe.com/Niks Ads, Weltkarte (2x): Shutterstock.com/IndianSummer, Windrose: stock.adobe.com/Waldemar Hölzer, Freiheitsstatue: stock.adobe.com/Fotowelt, Iglu: stock.adobe.com/koya979, Matrjoschka: stock.adobe.com/Tatjana Balzer, Löwe: Shutterstock.com/Eric Isselee, Pinguine: stock.adobe.com/Vladimir Seliverstov/Silver, Origami: stock.adobe.com/magann, Flagge, Berge (2x), Wellen, Tannen, Schiff: Cornelsen/Sandra Knopke; **Registerblatt Im Wald** spazieren (2x): stock.adobe.com/

Sergey Novikov, finden (2x): Shutterstock.com/ROMAN KALISHCHUK, Eule: stock.adobe.com/Andreas, schützen (2x): Shutterstock.com/Aleksey Boyko, pflanzen (2x): Shutterstock.com/A3pfamily, Mann mit Kettensäge/Baumstamm (2x): Shutterstock.com/Kletr, Eichhörnchen (2x): Shutterstock.com/VOJTa Herout, Laubbaum (2x): stock.adobe.com/Fotoschlick, hart (2x): Shutterstock.com/SOMCHAI BOONPUN, Fuchs/orange (2x): Shutterstock.com/Milan Zygmunt, Reh: Shutterstock.com/Erik Mandre, stachelig (2x): Shutterstock.com/Spayder pauk_79, matschig (2x): Shutterstock.com/Evtushkova Olga, Wurzel (2x): Shutterstock.com/varuna, Pilz (Foto): Shutterstock.com/Imagesine, Nadelbaum (2x): stock.adobe.com/by-studio, Hintergrund: Shutterstock.com/Dzmitrock, Blätter: Shutterstock.com/irur, dekorative Pilze, Vogel: Cornelsen/Sandra Knopke; **Registerblatt Sonne, Mond und Sterne** strahlen (2x): Shutterstock.com/paulista, abheben (2x): Shutterstock.com/3Dsculptor, betrachten (2x): Shutterstock.com/Celig, staunen (2x): Shutterstock.com/Lyubov Kobyakova, Milchstraße (2x): Shutterstock.com/Antares_StarExplorer, Mondsichel (2x): Shutterstock.com/Romolo Tavani, Sonnensystem/Planet (3x): Shutterstock.com/Mia Shaly, glühend (2x): Shutterstock.com/Triff, schwerelos (2x): Shutterstock.com/Vadim Sadovski, Mondzyklen (voll u. halb, je 2x): Shutterstock.com/Patryk Kosmider, Weltall (2x): Shutterstock.com/Triff, Stern (2x): Shutterstock.com/Tjeffersion, Satellit/Satellitenschüssel: Shutterstock.com/Vectorpocket, Erdkugel: Shutterstock.com/Art Alex, Hintergrund: Shutterstock.com/Phadangs; **Registerblatt Drachen** spucken (2x): stock.adobe.com/Elena Schweitzer, fauchen (2x): Shutterstock.com/Storozhenko, schlüpfen (2x): Shutterstock.com/zhekakopylov, angreifen/Ritter (3x): stock.adobe.com/xunantunich, Drache (2x): stock.adobe.com/Draco77, Echse (2x): Shutterstock.com/Anna Kucherova, Feuer (2x): Shutterstock.com/Duda Vasilii, schuppig (2x): Shutterstock.com/Jojo Textures, magisch (2x): stock.adobe.com/Style-o-Mat, schrecklich/zackig (3x): Shutterstock.com/DeepGreen, Ungeheuer/Kralle (3x): stock.adobe.com/igorkarlov, grün-gelber Drache, Vektor: Shutterstock.com/tereez, Drachenboote: Shutterstock.com/Shi Yali, Drachenlaterne: stock.adobe.com/toa555, Hintergrund (Buch): Shutterstock.com/LanKS, Sterne: Cornelsen/Sandra Knopke; **Registerblatt Mädchen und Jungen** ärgern (2x): Shutterstock.com/Littlekidmoment, sich versöhnen (2x): Shutterstock.com/TinnaPong, helfen (2x): Shutterstock.com/Poznyakov, mögen (2x): Shutterstock.com/lanych, Freundschaft (2x): Shutterstock.com/Pixel-Shot, Hobby (2x): Shutterstock.com/Prostock-studio, Kleidung (2x): Shutterstock.com/suerz, frech (2x): Shutterstock.com/Yganko, enttäuscht (2x): Shutterstock.com/SergiyN, witzig (2x): Shutterstock.com/DenisNata, unglücklich (2x): Shutterstock.com/Sabphoto, Streit (2x): Shutterstock.com/AMJonik.pl, Sport (2x): Shutterstock.com/Dean Clarke, Spaß (2x): Shutterstock.com/Monkey Business Images, Ballettschuhe: stock.adobe.com/Africa Studio, Roboter: stock.adobe.com/Vladislav Ociacia, Junge mit Tennisschläger: Shutterstock.com/SewCream, Junge im Rollstuhl: Shutterstock.com/Daisy Daisy, Filmstreifen: stock.adobe.com/stockpics, Doodle-Zeichnungen u. Hintergrund: Cornelsen/Sandra Knopke; **Registerblatt Strom überall** Glühlampe (2x): Shutterstock.com/Stefan Holm, leiten (2x): Shutterstock.com/patpitchaya, aufladen (2x): stock.adobe.com/radeboj11, einschalten (2x): Shutterstock.com/momoforsale, ausschalten (2x): Shutterstock.com/momoforsale, Leuchtmittel (3x): stock.adobe.com/stockphoto-graf, Kabel (2x): Shutterstock.com/Billion Photos, Kühlschrank (2x): stock.adobe.com/CoolGirl, sparsam (2x): Shutterstock.com/LvNL, elektrisch (2x): stock.adobe.com/Kara, erneuerbar (2x): stock.adobe.com/GO, nicht erneuerbar (2x): stock.adobe.com/maldesowhat, Steckdose (2x): Shutterstock.com/Mr Aesthetics, Spannung (2x): Shutterstock.com/Wall-e16, Solarzelle (2x): Shutterstock.com/Smileus, Taschenlampe: Shutterstock.com/Ignat Filippov, Laptop: stock.adobe.com/Patryk Kosmider, Saugroboter: stock.adobe.com/Andy, restliche Elemente (Notizzettel/Schwein, Sonne, Wolke, Smog, Hintergrund): Cornelsen/Sandra Knopke; **Registerblatt Vom Leben der Wale** abtauchen/Fluke/Ozean (4x): Shutterstock.com/Ethan Daniels, auftauchen (2x): stock.adobe.com/Sue Leonard, atmen (2x): stock.adobe.com/robertharding, retten (2x): Shutterstock.com/Image'in, Delfin/glatt (3x): stock.adobe.com/Asher, Finne/Schwertwal (2x): stock.adobe.com/Christian Musat, flink (2x): Shutterstock.com/Alex Stemmer, gewaltig (2x): stock.adobe.com/Musicman80, friedlich (2x): Shutterstock.com/ohrim, Wal (2x): Shutterstock.com/Igor Kruglikov, Kalb: mauritius images/alamy stock photo/VWPics/Francois Gohier, Plastikmüll: Shutterstock.com/Rich Carey, Walzeichnungen l. o.: Shutterstock.com/Varlamova Lydmila, Walarten r.: Shutterstock.com/Bodor Tivadar, dekorative Elemente (Seestern, Seetang, Wellen, Blasen): Cornelsen/Sandra Knopke; **Registerblatt Mein Fahrrad** klingeln (2x): stock.adobe.com/nito, bremsen (2x): Shutterstock.com/Yevhen Prozhyrko, abbiegen (3x): Shutterstock.com/chirayusarts, reflektieren (2x): Shutterstock.com/daguimagery, Fahrradhelm (2x): Shutterstock.com/Kinga, Fahrradweg (2x): Shutterstock.com/Kao-len, Lenker (2x): stock.adobe.com/Alexander, kaputt (2x): Shutterstock.com/Zhdanova Olha, sportlich (2x): stock.adobe.com/duncanandison, verkehrssicher (2x): stock.adobe.com/Quelle nennen!/LeslieAnn, rostig (2x): Shutterstock.com/Noppadon1889, Verbot (2x): stock.adobe.com/jojoo64, Unfall (2x): Shutterstock.com/Toa55, Pedal (2x): Shutterstock.com/TunedIn by Westend61, BMX-Fahrer: Shutterstock.com/4 PM production, Nachtfahren: Shutterstock.com/maxpro, Wortzettel „Fahrrad", Hintergrund: Cornelsen/Sandra Knopke; **Registerblatt Einfach genial!** nachdenken (2x): Shutterstock.com/OZ photo, erforschen (2x): Shutterstock.com/Matej Kastelic, experimentieren (2x): stock.adobe.com/KOTO, tüfteln (2x): Shutterstock.com/Dmytro Zinkevych, Drohne (2x): Shutterstock.com/Oleksiy Mark, Erfinder (2x): stock.adobe.com/Georgios Kollidas, Funke (2x): Shutterstock.com/nd3000, genial (2x): Shutterstock.com/alexblacksea, außergewöhnlich (2x): stock.adobe.com/Schepers_Photography, fleißig (2x): stock.adobe.com/MNStudio, mechanisch (2x): Shutterstock.com/vvoe, Mikroskop (2x): stock.adobe.com/Maksym Yemelyanov, Maschine (2x): stock.adobe.com/Juulijs, Idee (2x): Shutterstock.com/sondem, Carl Benz: bpk/Kunstbibliothek/SMB/Photothek Willy Römer, Dose: Shutterstock.com/Mega Pixel, dekorative Elemente (Zahnräder, Blasen): Cornelsen/Sandra Knopke; **Registerblatt Eine Zeitung entsteht** interviewen/Mikrofon (3x): stock.adobe.com/minicel73, korrigieren (2x): Shutterstock.com/Pixsooz, besprechen (2x): Shut-terstock.com/Gorodenkoff, drucken (2x): stock.adobe.com/lyzs/Westend61, Schülerpost (Artikel, Schlagzeile, Titel, fett, kursiv, schmal, breit): Cornelsen/Sandra Knopke, Tastatur (2x): Shutterstock.com/Monkey Business Images, Mädchen mit Kamera: stock.adobe.com/GIROMIN Studio, Zeitungsständer: dpa Picture-Alliance/Martin Gerten, Junge liest Zeitung: Shutterstock.com/Fabio Principe, Tablet/Handy: stock.adobe.com/Scanrail, Kinder auf Fahrrad: stock.adobe.com/Mathew Hayward, Kinder mit Projekt: Shutterstock.com/LightField Studios, Farbflecken: Shutterstock.com/Semiletava Hanna, Papier Schülerzeitung: stock.adobe.com/ Chris Ison, Hintergrund: Cornelsen/Sandra Knopke; **Registerblatt Jahreszeiten und Feste** backen (2x): stock.adobe.com/Doris Heinrichs, singen (2x): stock.adobe.com/Olesia Bilkei, schmücken (2x): Shutterstock.com/Monkey Business, Laub/aufwirbeln (3x): Shutterstock.com/Jacek Chabraszewski, Feier (2x): stock.adobe.com/lev dolgachov/Syda Productions, Feuerwerk (2x): Shutterstock.com/Bplanet, Frühblüher (2x): Shutterstock.com/hfuchs, Schmetterling (2x): Shutterstock.com/Ferdy Timmerman, gemütlich (2x): Shutterstock.com/Valentyn Volkov, zufrieden (2x): Shutterstock.com/Neirfy, kühl (2x): stock.adobe.com/LeslieAnn, Lagerfeuer: stock.adobe.com/SCRIBA, Kranz: stock.adobe.com/fottoo, Erdbeere: Shutterstock.com/masa44, Biene: stock.adobe.com/viperagp, zart (2x): stock.adobe.com/keneaster, Ostereier: stock.adobe.com/Robert Leßmann, Kinder tauchen: Shutterstock.com/Denis Moskvinov, Strandkorb: stock.adobe.com/Cornelia Schwenner, Obstkorb: stock.adobe.com/alisseja, Mähdrescher: stock.adobe.com/Sly, Kürbis: Shutterstock.com/asife, Kinder auf Schlitten: stock.adobe.com/dglimages, Luftschlange: Shutterstock.com/zhekoss, Origami-Weihnachtsmann: Shutterstock.com/fotohunter, restliche Elemente (Igel, Katzenmaske, Frosch, Hintergrund): Cornelsen/Sandra Knopke

Illustrationen

Eva Czerwenka: Cover, S. 10, 11, 13, 14, 16–19, 21–27, 29, 32, 33 (Specht, Eule, Amsel), 34 (Tinto), 37–46, 49, 53, 55, 58–67, 69, 70, 78, 80 (Tinto), 81, 82, 83 (Feuerwehr), 84, 86, 89, 91, 92, 94, 95, 97, 98–102, 103 (Tinto, Computer), 104–106, 109, 117, 118 (Tinto), 119–122, 124, 126, 128, 129, 131, 132, 136, 142, 144–146, 150, 153–155, 159-164, 170, 175, 176, 179–182, 185-188, 191, 193–197, 202–206, 208, 216, 223, Wörterliste S. 8, Tinto auf allen Registerkarten
Tobias Krejtschi: alle Kapitelvignetten, S. 20, 33 (Meise, Tinto), 47, 52, 54, 55 (Tinto), 71–75, 79 (Tinto), 80, 81 (Tinto), 83, 100 (Tinto), 103, 110, 112, 114, 126 (Glühlampe, LED), 135, 140 (Tinto), 146 (Wal), 151, 152, 156–158, 159 (Tinto), 165 (Fragezeichen), 169, 171 (Tinto), 175 (Tinto), 176 (Tinto), 177, 207, 209, 211
Ingrid Sissung: S. 15, 30, 34, 35, 51, 79, 85, 87, 99 (Katze), 113, 115, 118, 141, 171, 183, 189, 215

So kannst du schwierige Wörter üben

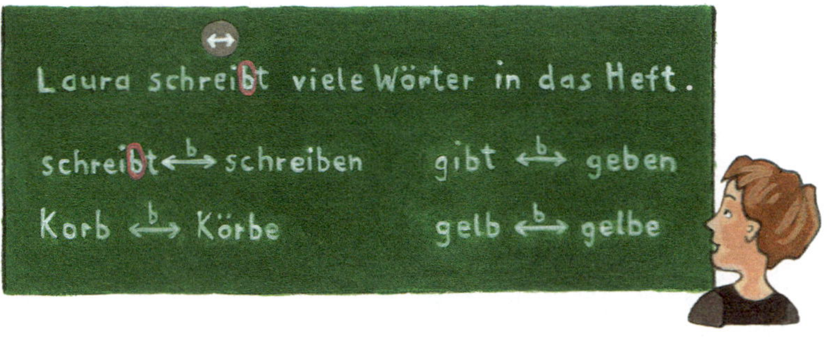

Rechtschreibgespräch

Betrachte den Satz. Markiere Stellen, bei denen du beim Schreiben unsicher sein könntest. Welche Strategie hilft dir, die richtige Schreibung zu finden? Nutze die Strategie und finde drei Wörter, bei denen dir diese Strategie auch hilft. Bilde mit jedem Wort einen Satz.

Stoppspiel

Ihr braucht: Stoppuhr, ein Blatt Papier, Übungswörter
Stellt die Stoppuhr auf 30 Sekunden. Prägt euch die Wörter ein, die ihr üben wollt. Dreht die Übungswörter um. Jeder schreibt nun alle Wörter auf, die er sich gemerkt hat. Kontrolliert gegenseitig. Für jedes richtige Wort gibt es einen Punkt.

Knickdiktat

Zeichne eine Tabelle mit sechs Spalten. Schreibe deine Fehlerwörter in die 1. Spalte. Lies das erste Wort genau. Merke dir schwierige Stellen. Knicke die 1. Spalte nach hinten. Schreibe das Wort auswendig auf. Knicke die 1. Spalte wieder nach vorne. So übst du alle Wörter. Kontrolliere am Ende mit der 1. Spalte.

Trainingskarte

Deine Lehrerin schreibt dir Trainingswörter auf deine Karte. Gib die Karte einem Partnerkind. Es diktiert dir die Wörter. Schreibe die Wörter auf. Die Stark-Strategien helfen dir. Dein Partnerkind kontrolliert. Es macht einen senkrechten Strich hinter jedes richtig geschriebene Wort.

4 Basisordner
Sprache • Lesen

von

Christiane Bruns, Eva Jochmann, Sybille Schaub, Julia Schröder, Martin Wörner

Redaktion: Andrea Siebert
Bildredaktion: Rebekka Gerlach, Susann Wieja
Illustration: Eva Czerwenka, Tobias Krejtschi, Ingrid Sissung (Zuordnung s. S. 222)
Collagen: Sandra Knopke
Symbole der Lernbereiche auf jeder Seite: hawemannundmosch, Berlin
Umschlaggestaltung: tritopp, Berlin
Layout und technische Umsetzung: Heike Börner, Berlin
Notensatz: Kontrapunkt Satzstudio, Bautzen

www.cornelsen.de

Einige Webseiten, deren Internetadressen in diesem Lehrwerk angegeben sind, wurden von Cornelsen mit fiktiven Inhalten zur Veranschaulichung und Illustration von Aufgabenstellungen und Inhalten erstellt. Die Webseiten Dritter, deren Internetadressen in diesem Lehrwerk angegeben sind, wurden vor Drucklegung sorgfältig geprüft. Der Verlag übernimmt keine Gewähr für die Aktualität und den Inhalt dieser Seiten oder solcher, die mit ihnen verlinkt sind.

1. Auflage, 1. Druck 2021

Alle Drucke dieser Auflage sind inhaltlich unverändert und können im Unterricht nebeneinander verwendet werden.

◇ Texte mit diesem Zeichen wurden aus didaktischen Gründen gekürzt oder einzelne Formulierungen wurden didaktisch vereinfacht. Genaue Informationen stehen in diesem Textquellenverzeichnis bei den betreffenden Texten.

Druck: Salzland Druck, Staßfurt

ISBN: 978-3-06-084480-7 (Basisordner)
ISBN: 978-3-06-084501-9 (Lösungen zum Download)